Emilia Cipriano Sanches

Saberes e afetos
do ser professor

1ª edição

3ª reimpressão

© 2019 texto Emilia Cipriano Sanches

© Direitos para esta publicação exclusiva
CORTEZ EDITORA
Rua Monte Alegre, 1074 – Perdizes
05014-001 – São Paulo – SP
Tel.: (11) 3864-0111 Fax: (11) 3864-4290
cortez@cortezeditora.com.br
www.cortezeditora.com.br

Direção
José Xavier Cortez

Editor
Amir Piedade

Projeto Editorial
Elaine Nunes

Edição para o autor
Paulo Jeballi

Preparação
Alessandra Biral

Revisão
Alexandre Ricardo da Cunha
Gabriel Maretti
Rodrigo da Silva Lima

Edição de Arte
Mauricio Rindeika Seolin

Obra em conformidade ao
Novo Acordo Ortográfico da Língua Portuguesa

Dados Internacionais de Catalogação na Publicação (CIP)
(Câmara Brasileira do Livro, SP, Brasil)

Sanches, Emilia Cipriano
    Saberes e afetos do ser professor / Emilia Cipriano Sanches. – São Paulo: Cortez, 2019.

    ISBN 978-85-249-2726-3

    1. Afeto 2. Interação professor-alunos 3. Pedagogia 4. Prática de ensino 5. Prática social 6. Psicologia educacional 7. Relações interpessoais I. Título.

19-25585   CDD-371.1023

Índices para catálogo sistemático:

1. Professores e alunos: Relação pedagógica:
   Educação   371.1023

Iolanda Rodrigues Biode – Bibliotecária – CRB-8/10014

Impresso no Brasil – dezembro de 2021

*Para Claudio, Claudinho e Amanda,
que me confirmam a todo momento
que a vida só tem beleza e sentido
se ela for vivida com afetos.*

Sumário

Prefácio, 6

1
Professor professa, 11

2
Educação requer inclusão, 17

3
Saberes e afetos, 24

4
Formação – a forma e a ação, 32

5
Razão e intuição, 38

6
Autoavaliação e o outro, 44

7
A escola e os sentidos, 50

8
O ensino na era digital, 57

9
A pergunta como ponto de partida, 63

10
Educação e interação, 69

11
A diversidade nossa de cada dia, 74

12
Violência – presente!, 80

13
Troca entre pares, 91

14
Que tal um contrato ético?, 97

15
Valorização do professor, 102

16
Nós nos eternizamos, 110

Referências, 119

Prefácio

Vamos de mãos dadas

"Não serei o poeta de um mundo caduco.
Também não cantarei o mundo futuro.
Estou preso à vida e olho meus companheiros.
Estão taciturnos mas nutrem grandes esperanças.
Entre eles, considero a enorme realidade.
O presente é tão grande, não nos afastemos.
Não nos afastemos muito, vamos de mãos dadas."

Carlos Drummond de Andrade

Era 1940 e um Drummond atônito, entre as duas guerras, poetizava no livro *O sentimento do mundo* sua inquietude. O nazifascismo trazia ódio, o individualismo afrontava a fraternidade e o pessimismo roubava a esperança. O poeta está preocupado. Trata-se de um mundo caduco, afinal. Estão taciturnos seus companheiros. Cruza ele os braços? Não. Vaticina outro mundo desde que saibamos o que fazer. Vamos de mãos dadas é a conclusão. Para isso, prestemos atenção ao presente, reconheçamos que ele é grande. Não, não nos afastemos muito. Vamos de mãos dadas! Os anos são outros. As duas guerras acabaram-se há muito. Há, entretanto, outras guerras. É preciso considerar a enorme realidade, é preciso estar atento à grandeza do presente. O que fazer hoje? Acreditar em Drummond. Vamos de mãos dadas!

Mas como fazer? Educar. É preciso educar para o caminhar de mãos dadas. É essa nossa essência. Somos seres da convivência. Nada somos sem o outro. Não teríamos chegado até aqui, se as mãos de tantos tivessem resolvido não cuidar de nós. O alimentar, o andar, o falar, o compreender. Os alguéns estavam lá. Estão cá. Sempre há alguém. É preciso apenas saber, sentir. De mãos dadas, precisam andar, também, a teoria e a prática.

É assim que vejo este livro da professora Emilia Cipriano Sanches. Seu texto é coerente com sua vida. Ela professa que somos reflexos de nossas crenças, impressas em nossas histórias de vida, nos nossos jeitos de ser no mundo. E que, exatamente por isso, nós nos eternizamos. Emilia tem uma brilhante carreira acadêmica, é uma cientista respeitada. Seu repertório, porém, não está dissociado de seu agir sensível, cotidiano. É ela dona de um sorriso que abraça. Ricas experiências sobre acolhimentos vão desfilando nas páginas deste livro *Saberes e afetos do ser professor*. Optou por compartilhar os desafios das tantas salas de aula em que exerceu e exerce o seu ofício. É professora e, por isso, pode dizer sobre a profissão com mais credibilidade. Sonha ela que um dia compreendamos o que outros países já compreenderam, o professor merece respeito!

Algumas histórias que ela narra, eu tive a honra de presenciar. Fui lendo e revivendo. Outras, já a ouvi contar.

E ela sabe como envolver. Como organizar uma roda de conversa. Como compreender os que demoram a compreender que, de mãos dadas, é sempre melhor. Amizade linda a nossa. Eternizada nos mais profundos sentimentos. Há muito que andamos de mãos dadas e, assim, haveremos de permanecer.

Saberes e afetos do ser professor é um livro para ler e para viver. Nesse presente tão grande, tão desafiador. Quando terminei a leitura, fiquei pensando no eternizar. Lembro-me de professores que se foram e, portanto, não foram. Estão eternizados em mim. Sei, com humildade, que já me eternizei em muitos alunos. Ouço isso sempre. E sempre me emociono. Que poder é esse que temos? O poder das mãos dadas. O poder da profissão que professa a crença no ser humano. Nos seus saberes libertadores, nos seus afetos necessários. Nunca tive medo de falar de amor na educação. O amor é o mais revolucionário dos sentimentos e ao mesmo tempo o mais serenizador. Saber que alguém nos ama ressignifica nossa vida.

Quando acordo e me preparo para dar uma aula, invariavelmente, eu agradeço. Que belo ofício. Semear esperanças, contribuir para a fraternidade, retirar coletivamente os véus da ignorância. Não podemos ignorar o que nos diminui e o que nos eleva, o que nos prende e o que nos garante o cumprimento de nossa vocação, a felicidade.

Conteúdo e forma, razão e emoção, juventude e maturidade, nada de dicotomias. É de mãos dadas que vamos, lembram?

Se aqueles tempos assustavam o poeta, temos, hoje, todas as razões para nos assustarmos. Mas é exatamente isso o que querem os que não compreendem. Os que ignoram a razão do existir, os que não leem na própria alma a diferença entre o amor e a perversidade. Compreendamos, sim, o presente, sem ingenuidades. Há outras guerras nos matando. Mas não fiquemos presos. Há mais. Há muito mais em um mundo em construção. Construamos, pois, educando, de mãos dadas.

Gabriel Chalita
(Gosto da luz do outono e do seu significado, das folhas que partem para que as árvores sobrevivam, dos frutos que amadurecem, dos caminhantes que vão de mãos dadas.)

1

Professor professa

"Ensinamos aquilo que somos e, naquilo que somos,
se encontra muito daquilo que ensinamos."

António Nóvoa

Uma das maiores contradições que nós, educadores, enfrentamos hoje é fazermos discursos em uma direção e as práticas irem em outra. Precisamos estar atentos a esse descompasso, já alertado pelo educador português António Nóvoa (2009) ao mencionar "a riqueza dos discursos e a pobreza das práticas". Por questão de coerência, devemos sempre materializar na prática as teorias que verbalizamos.

Nóvoa preconiza que "ensinamos aquilo que somos". Considero essa ideia fundamental neste ponto de partida, por ser determinante na trajetória de quem lida com educação.

E por que nós ensinamos aquilo que somos? Essencialmente porque somos reflexos de nossas crenças, que estão impressas em nossas histórias de vida, nos nossos jeitos de ser no mundo.

Aquilo que ensinamos é aquilo que já vivemos, a experiência que construímos. Qual é o maior patrimônio do educador? A própria jornada, a história construída ao longo de seu caminho.

Não é casual que o educador espanhol Jorge Larrosa Bondía chame a atenção para a palavra "experiência", que é formada por 'ex = externo', 'per = o que está em volta' e 'ência = sabedoria'. Se a experiência é aspecto importante, vale observar que o propósito reveste a nossa ação o tempo todo.

Estou há mais de três décadas lidando com educação, e essa noção se consolida a cada dia. Minha experiência profissional tem início no campo da assistência social. Terminei o curso aos vinte anos de idade. Achei que sabia muito e, em 1980, fui trabalhar como diretora de creche na periferia de São Paulo. Fui recebida por um grupo de mulheres que haviam batalhado muito por creches naquela região. Quando eu cheguei, elas me deram uma olhada (todo mundo que se apresenta a um grupo passa por isso) e uma líder comunitária falou sem qualquer rodeio: "Gente, essa moça, com essa cara de burguesa, vai vir aqui amassar barro, trabalhar com gente pobre? Duvido!"

Naquele momento, tomei uma decisão que vem me acompanhando por toda minha trajetória. Em vez de responder: "Olhe, eu sou comprometida", "eu quero fazer um trabalho de qualidade", eu preferi fazer uma proposta:

"Vamos conviver?" Porque é na convivência que a gente se revela. Quer conhecer um educador? Vá para a sala de aula com ele.

Digo isso porque a aprendizagem é sempre um processo de aproximação, de troca de olhares, de relações que são construídas.

Três meses depois, a mesma líder encontrou-me. "Olhe, cara de burguesa você continua tendo, mas que você é comprometida com as crianças você é". Ela deixou de olhar para minha aparência e começou a olhar para minha essência. Esse é um olhar que serve de referência para quem educa, sobretudo, pelo sentido que ele carrega. Precisamos olhar para a essência, do contrário, ficaremos somente com a imagem externa. Nosso olhar de educador necessita transcender a aparência.

Após esse episódio, ocorreu um fenômeno lindo. Vislumbrei que não poderia ser diretora de uma creche municipal sem ser professora. Decidi ingressar no curso de Pedagogia. E percebi que, lamentavelmente, essa nossa área muitas vezes ainda se distancia da realidade concreta das escolas. Na verdade, eu carregava a ideia de uma escola abstrata, de um aluno abstrato, em um contexto abstrato. Mas, no cotidiano, iria lidar com uma criança concreta, em uma situação concreta, com um professor concreto e com uma família concreta. Eram muitos desafios pela frente, e concluí que era necessário ir além da formação de pedagoga. Para me aprofundar, resolvi fazer um mestrado em Psicologia da Educação e doutorado em Educação: Currículo. Nesse meio-tempo, ainda cursei três anos de Jornalismo, porque eu não acredito em comunicação quando não há interação. E não me refiro à interação de mídia, estou falando de comunicação interpessoal. Quem trabalha na área de educação precisa gostar de pessoas e precisa gostar de olhar para as pessoas. Também precisa gostar de enfrentar conflitos e contradições.

Um tempo depois, fiz pós-doutorado em Semiótica, porque já estava mais que internalizada em mim a noção de que só é ensinante quem é aprendente. Toda vez que falo em semiótica, eu me lembro de uma situação ocorrida em um evento em Salvador. Na ocasião, eu tratava do assunto e notei que uma moça passou a ficar inquieta:

– Minha querida, algum problema?
– Eu não sei o que é semiótica.
– Que maravilha! É ótimo você falar isso abertamente, porque a humildade intelectual é o princípio básico para quem quer ser educador.

Na realidade, toda vez que alguém faz cara de que sabe mesmo quando desconhece, perde a possibilidade de ter acesso a um dado novo e ampliar seus horizontes. É a tal história: quem acha que já sabe tudo, no mínimo, está desinformado.

Expliquei que semiótica é uma área que trabalha os signos e os símbolos. E que, naquele espaço e naquela circunstância, havia vários símbolos e vários signos envolvidos: a organização do evento, o grupo que havia se preparado para aquele momento, as apresentações das pessoas, a forma como fomos acolhidos, as falas dos participantes. Todos esses aspectos haviam sido pensados e cada elemento em si carregava uma ideia. Nem tudo estava explicitado, mas certamente contribuía para compor aquela situação que estávamos vivendo. A importância de desenvolver essa capacidade de percepção reside no fato de o educador, o tempo todo, ler símbolos e significados. Como afirma o professor português Rui Canário: "O educador é produtor de sentidos".

O que faz o professor? O próprio nome dá a dica: o professor professa. Isso significa que, quando professa, transmite valores, princípios; possui uma história de vida, uma construção ao longo de sua caminhada. E essa é uma profissão pautada nas relações, com a criança, com o jovem, com o adulto, com a comunidade, com os pares.

É essa diversidade que torna cada experiência única.

Sigamos em frente!

2

Educação requer inclusão

"Uma criança vê o que um adulto não vê. Tem olhos atentos e limpos para o espetáculo do mundo. O poeta é capaz de ver pela primeira vez o que de tão visto ninguém vê."

Otto Lara Resende

Nós, educadores, precisamos estar em permanente atualização. Isso pode soar algo óbvio, mas convém observar que nosso discurso foi-se reelaborando, mas nossas práticas nem sempre se modificaram. Ainda há uma distância entre o que se fala e o que se faz.

O discurso é captado rapidamente, mas a ação em sala de aula está arraigada ao passado, muito atrelada a condicionamentos. Por exemplo, na hora de montar um instrumento de avaliação, de organizar um trabalho de grupo, de criar uma sistematização de provocação, ainda predomina uma metodologia muito mais inspirada no século passado do que neste.

Essa é uma questão importante. Eu costumo trabalhar muito com rodas. E não por modismo, mas porque essa proposta possibilita que as pessoas se olhem, essa é uma estratégia histórica. Mas essa prática não pode ser esporádica, precisa ser exercitada no dia a dia. Porque não são apenas as cadeiras que estão em roda, é o pensamento que circula, para que o professor possa entender melhor o grupo. Essa ideia, quando materializada no espaço físico, faz toda a diferença.

Por que há uma tendência atualmente de retirada das paredes das escolas? Porque a compartimentalização do espaço tem muito mais a ver com presídio, com hospital, em que divisórias precisam deixar pessoas confinadas. Na escola, isso não faz tanto sentido. Penso que devemos fazer o movimento oposto, de ressignificação dos espaços. Uma saída da sala para uma aula sob uma árvore, por exemplo, já muda a relação com aquele conhecimento.

Podem-se alegar dificuldades de modificação do espaço físico, mas considero que o maior empecilho é o fato de a nossa cabeça ainda pensar de forma fragmentada.

Estamos com duas décadas no novo milênio e ainda encontramos lugares em que as aulas são meramente expositivas. Cabe ponderar que a exposição é importante em várias situações, especialmente quando permite espaço para o diálogo. Mas ainda é possível observar, com frequência, o modelo em que o professor é o centro de tudo, sem uma interação mínima entre os alunos. O discurso dele pode até soar atualizado, mas o trabalho continua sendo organizado da mesma forma que ele fazia no início da carreira.

Sim, há um fosso entre o que se diz e o que se pratica em sala de aula. A força do condicionamento é muito grande, desdobramento de uma cultura construída no silêncio, no isolamento, na crença do *status* de "detentor da verdade". De fato, não é simples mudar esses papéis, pois isso mexe com muitas relações.

Não hesito em afirmar: conhecimento faz a diferença. E o conhecimento de que estou falando não é o conhecimento acadêmico, é o conhecimento da experiência, o conhecimento da troca, o conhecimento do exercício de interação, o conhecimento do envolvimento, o conhecimento construído na relação com o outro e apreendido na convivência.

Muitos dos desafios que enfrentamos precisam ser superados pela ação de pessoas que acreditem em outra lógica: a da educação humanizadora. É desolador, como escreveu Drummond (1997), ver meninos "sentados enfileirados em sala de aula sem ar, com exercícios estéreis, sem valor para a formação do homem".

Infelizmente, ainda há pessoas que consideram ser possível construir conhecimento apenas na base do "Sentem-se! Página 34. Vamos lá. Agora, página 35. Continuem na página 36". Para isso, não precisaria de educador, bastaria um programador. Em sala de aula, é necessária a presença de alguém para provocar o pensar sobre as hipóteses, para organizar as ideias de outro jeito, para trazer um olhar articulador, para se perguntar sobre as verdades e as mentiras, para fazer a diferença de fato. Por isso, essa perspectiva da educação humanizadora precisa ser muito bem construída.

Vale destacar que todas essas questões estão vinculadas à ética, que é um conceito intrinsecamente atrelado ao saber. O sociólogo francês Edgar Morin faz uma formulação muito interessante nesse sentido:

> [...] além disso, a ética não poderia ser ensinada por meio de lições de moral. Deve-se formar nas mentes com base na consciência de que o ser humano é, ao mesmo tempo, indivíduo, parte da sociedade e parte da espécie. Todo o desenvolvimento verdadeiramente humano deve compreender o desenvolvimento conjunto das autonomias individuais, das participações comunitárias e da consciência de participar da espécie humana (Morin, 2000).

O que está em pauta é a construção de uma ética individual, mas, ao mesmo tempo, articulada coletivamente. Daí a consciência de pertencer à espécie humana. Não podemos perder essa capacidade. Não podemos ficar indiferentes em relação à banalização da violência, aos maus-tratos, ao sofrimento humano. A indiferença aniquila a humanidade do outro.

Por essa razão, é possível afirmar que não há educação sem inclusão. O educador, por princípio, precisa estar aberto para a diversidade. Ele não pode ter nenhum tipo de preconceito, a fim de assegurar o direito de qualquer indivíduo se manifestar. Insisto: não há educação sem inclusão.

Essa inclusão precisa ser trabalhada o tempo todo. Porque há vieses que podem prejudicar a nossa percepção. A origem social, por exemplo, pode condicionar um olhar, que dificulta a inclusão do outro, aquele que é diferente.

Aqui é fundamental observar que diferença não significa desigualdade. Eu trabalho com as diferenças, mas não aceito as desigualdades. Abraçar a diversidade é uma questão de direito, de princípio no ato educativo, algo que nos sinaliza um norte. Não é que alguns podem falar, alguns podem se manifestar, alguns têm sentimentos. Não! Todos podem falar e todos têm sentimentos, desejos e necessidades!

Dessa forma, a inclusão deve acontecer em todos os momentos. Esse talvez seja o maior exercício em uma sociedade tão excludente. O profissional da educação precisa ter esse olhar. Assim como precisa gostar de pessoas. E isso não é pieguice. Significa ter afeto, no sentido de estar afetado pelo que o outro representa.

Esse movimento é revestido pelo desejo de entender o que o outro está dizendo, ao mesmo tempo que sinaliza respeito e empatia.

O professor é construtor de identidades humanas. Não é o único, mas ele contribui efetivamente para isso. As marcas que deixa nesse processo vão se materializar para o restante da vida do outro.

3

Saberes e afetos

"O sonho de cruzar os mares precede
a ciência de construir navios.
A ciência existe por causa do sonho."

Rubem Alves

Enfrentei um desafio muito complexo quando passei a fazer críticas às licenciaturas na universidade em que trabalho. No contexto geral do País, as licenciaturas estão esvaziadas. A docência não tem sido considerada atrativa pelos jovens, não é uma área pela qual eles têm demonstrado interesse em enveredar. Isso é muito sério. Atualmente, está faltando professor em todas as áreas do conhecimento. Essa é uma discussão que o Brasil terá de fazer.

Meus alertas de que era necessário mudar a licenciatura eram tão recorrentes, que me disseram: "Ah é? Por que você não vai trabalhar na licenciatura para ver como é?" Eu aceitei a proposta. Eles achavam que estavam me dando um castigo. Aparentemente, era mesmo uma encrenca. Ainda mais nas condições em que peguei a classe. As aulas eram às sextas-feiras, às 21h45, com o objetivo de falar sobre projeto político-pedagógico para a turma de Letras. Tinha tudo para dar errado. Mas encarei o desafio.

Na ocasião, eu me arrumei toda, cheguei lá à noite, toda alegre, toda motivada. Da classe de 33 alunos, havia quatro presentes. Olhei para os quatro e não me frustrei com as ausências. Eu tinha de me envolver com aqueles que estavam ali, pois eram eles que poderiam mobilizar os que tinham faltado. Dei tudo de mim, fiz o projeto com aquele grupo. Para trabalhar com aqueles jovens (e isso pode ser feito também com crianças e adolescentes), lancei mão de múltiplas linguagens, de diferentes fazeres. Porque eles precisam de ação, não podem ficar só na contemplação. Eles necessitam constituir projeto, organizar, ter iniciativa.

Naquele momento, portanto, propus que fizéssemos artes cênicas e montássemos instalações como as que são feitas no teatro. Eles aceitaram. Na segunda aula, havia 25 alunos presentes e animados. Quem animou os 25? Logicamente os quatro da primeira aula, que fizeram a interlocução. Na terceira aula, chegou o trigésimo terceiro aluno, atrasado, com aquela cara de quem chega atrasado, que não quer ser visto. Cabelinho estiloso, cheio de tatuagem e *piercing*. Eu procurei o nome dele na lista.

– Lucas? Boa noite!
Ele não respondeu.

– Você é o Lucas, né?

– Como você sabe?

– Olhei na lista. Acho que só você não veio nas duas primeiras aulas.

– *Tô* reprovado por falta?

– Não. Está aprovado porque veio.

Naquele instante, pensei: "Esse vai ser o meu desafio". Mas não fiz nenhum comentário sobre ele perante a turma. Quem realmente incorpora o trabalho do educador jamais deve expor as dificuldades individuais no coletivo. As dificuldades têm de ser tratadas individualmente. O coletivo é para celebrar. Porque, quando exponho algum aluno, eu o privo da possibilidade de superação, contribuindo para que ele se fragilize. E quem está fragilizado dificilmente consegue se superar.

Para a quinta aula, estava programada a primeira apresentação da turma. Tudo preparado. E eis que cai uma chuva torrencial em São Paulo. O trânsito na cidade (que normalmente já é caótico) com chuva fica pior ainda. Parada na Marginal Pinheiros, fui ficando desesperada. Peguei a minha lista com os telefones e os *e-mails* dos alunos para avisar um deles sobre a situação. Para quem eu liguei? Ele mesmo.

– Lucas?

– Quem é?

– Professora Emilia.

– Já estou indo para a aula.

– Eu também. Onde você está?

– No metrô.

– Pois é, eu estou parada na Marginal.

– Xi, vai demorar, hein?

– Por isso eu estou ligando para você. Lucas, queria lhe pedir um favor: você pode conversar com a classe e avisar que estou a caminho? Eu vou chegar, mas você vai organizando o espaço, está bem?

– Professora, só uma pergunta: é para mim mesmo esse recado? (Em claro sinal de baixa autoestima.)

– Sim, é para você mesmo.

Cheguei com quinze minutos de atraso e encontrei Lucas na porta da classe, empoderado.

– Professora, não deixei ninguém sair. Está tudo organizado.

Ao longo do curso, ele foi-se aproximando. Na última aula, em uma sexta-feira, cheguei meio desanimada, achando que dificilmente teria *quorum*. Já estava rolando aquele clima de despedida e minha sala de aula ainda ficava bem próxima dos barzinhos. A primeira pessoa que encontrei foi o Lucas.

- Oi, professora, chegou cedo hoje.

- Pois é, Lucas. Estou preocupada. Último dia de aula, alguns professores já terminaram suas atividades, mas eu queria tanto fazer um momento de retomada com vocês.

- Vamos tomar um café?

No café, Lucas começou a me enrolar. Percebi que algo estava acontecendo ali. Tomamos o café e fomos subindo as rampas e ele ia dizendo com um tom de voz mais elevado que o habitual:

- Professora, estamos chegando.

Quando entramos na sala, eles começaram a cantar a música-tema do filme *Ao mestre com carinho* [*To sir with love*, 1967], e eu desandei a chorar. Enquanto isso, Lucas ia regendo: "Vocês, primeira voz... Segunda..."

Ao fim, havia um coquetel que eles prepararam com pão de queijo e refrigerante. Eu me emocionei e disse:

- Lucas, você fez nascer em minha vida um curso que teve significado.

- Professora, você fez nascer um Lucas que nem eu sabia que existia.

Esse episódio ficou marcado em mim porque deixou claro que não dá para falar de conhecimento cognitivo sem falar de afetividade, aquilo que afeta o outro. Não estou falando de passar a mão na cabeça, mas estou destacando que afeto é aquilo que, efetivamente, mexe com o outro.

Se algo não mexeu com você, isso pode ser a coisa mais interessante do mundo, não adianta. Aqui vale uma observação: professor não é "dador" de aula; professor é materializador de sonhos, é construtor de identidades humanas. Portanto, nosso papel é constituir saberes e afetos entre essas relações.

Isso vale para alunos e para nossos pares. Certa vez, eu estava fazendo uma apresentação para educadores no sul do País. Era um público de cerca de trezentas pessoas, bastante receptivo. Mas havia um indivíduo sentado na fileira da frente, cujo olhar demonstrava justamente o contrário; era um misto de descrença e de desmotivação. Aquele olhar com certo fastio, como se dissesse "quanta bobagem".

Eu tinha de lidar com aquilo (aliás, algo comum no dia a dia do professor). Durante a palestra, fui buscando algum modo de aproximação. A plateia regia de forma mais efusiva. Eu olhava para ele e via a mesma expressão de descrédito. Coloquei uma música e pedi que as pessoas fechassem os olhos. Os dele continuavam abertos.

Quase ao final do evento, eu pedi que as pessoas fossem a alguém próximo para compartilhar afetivamente o que nós havíamos vivido ali. Ele ficou estático. Eu fui até ele e propus que fizéssemos a atividade juntos. Ele ficou surpreso, mas aceitou. E, a partir daquele momento, desarmou-se e reconheceu que havia valor naquilo que estava sendo proposto.

Em suma, não basta ligar um projetor, ler alguns resumos, algumas sínteses e presumir que se está educando. É preciso que a pessoa se sinta mobilizada por aquilo que estamos falando. E nós só afetamos se formos afetados nesse processo.

4

Formação – a forma e a ação

"Não há saber mais ou saber menos.
Há saberes diferentes."

Paulo Freire

Trabalhar saberes passa necessariamente pela formação. E essa formação precisa carregar um conceito importante, que é o da aprendizagem significativa. O que é uma aprendizagem significativa? É algo que me traz mapas conceituais, ou seja, conceitos que podem ser internalizados para a vida toda. As crianças hoje são expostas a um currículo extremamente intenso, com áreas múltiplas, mas os conceitos muitas vezes ficam esvaziados, porque os mapas não foram constituídos. O resultado é excesso de conteúdo ministrado e pouca sistematização e internalização.

Quando construo um conceito, construo relações. Vou articulando coisas e pessoas em torno daquele conhecimento que está se estabelecendo. Os conhecimentos não podem ser fragmentados e precisam ser contextualizados.

Segundo a teoria de aprendizagem do psicólogo norte-americano Davi Ausubel,

> O conhecimento é significativo por definição. É o produto significativo de um processo psicológico cognitivo ("saber") que envolve a interação entre ideias "logicamente" (culturalmente) significativas, ideias anteriores ("ancoradas") relevantes da estrutura cognitiva particular do aprendiz (ou estrutura dos conhecimentos deste) e o "mecanismo" mental do mesmo para aprender de forma significativa ou para adquirir e reter conhecimentos (Ausubel, 2003).

E isso demanda tempo. Alguns docentes querem que o outro aprenda no tempo que eles estipularam. Mas os aprendizes têm tempo próprio, ritmos próprios, relações próprias. Ao mesmo tempo, trata-se de um processo em que uma nova informação, ou seja, o que está chegando, relaciona-se de maneira não arbitrária com aquilo que o indivíduo já conhece. Quando faço *links* com aquilo que o aluno já conhece, estou também recuperando os saberes que ele carrega. Muitas vezes, eu, como educadora, desconsidero os saberes, porque acredito que quem conhece sou eu, que estou trabalhando aquele tema. Só que os alunos possuem saberes de naturezas diferentes das nossas e têm saberes, inclusive, que nós desconhecemos.

Daí a crítica que nos é feita com alguma frequência de que somos os analógicos que trabalham com os digitais. Isso não tem a ver com a destreza em lidar com o mundo tecnológico, mas sim com o modo como a mente deles opera.

Em outras palavras, se você pedir que uma criança ou um adolescente desta geração lhe ensinem o funcionamento de qualquer programa, eles não vão lhe explicar o passo a passo, mas vão fazer. Eles o(a) tiram do computador e fazem. Se você insistir: "Ei, espere aí, me explica", vão enrolá-lo(a) quanto puderem. Isso ocorre porque não foram primeiro para as instruções para depois fazerem. Foram direto para a prática. Essa é uma característica desta geração. E cabe a nós identificarmos com eles os processos que estão constituindo quando fazem alguma coisa.

Eles fazem pesquisa o tempo todo, em tudo o que é lugar, mas muitas vezes sem o pensamento crítico, que ainda não foi desenvolvido. Pesquisam, mas nem sempre têm o discernimento para avaliar a qualidade da informação levantada, para checar se resulta de fontes fidedignas.

Essa é uma necessidade premente no mundo atual. O advento da internet nos inundou com uma quantidade imensa de informações. Tal profusão de fontes possui aspectos positivos, mas, por outro lado, exige cuidados. Afinal, surgem conceitos que não têm fundamentação e que, muitas vezes, são embalados como se fossem resultados de pesquisas. Haja vista o número de citações equivocadas, de informações que não correspondem aos fatos, de levantamentos tendenciosos que circulam pelas redes.

Para haver uma aprendizagem significativa, portanto, é necessário trabalhar com os alunos as diferentes formas de se observar um assunto. E isso implica considerar o que vem da parte deles também.

Um exemplo concreto: estou dando aula na minha sala, toda animada, e reparo que uma aluna está lá mexendo no celular. Fiz aquilo que qualquer professor que trabalha com pessoas deve fazer, fui me aproximando dela.

– Beatriz, tudo bem?
– Tudo bem, professora.
– Algum problema?
– Estava fazendo uma pesquisa aqui. Isso aí que você está falando, eu achei dois artigos que complementam.

Essa passagem ilustra que, cada vez mais, teremos os alunos como informantes na sala de aula. Até porque eles não precisam de nós para acessar informação. Mas eles precisam de nós para aprender a relacionar os conceitos. O fato de obterem informação não os faz mais sábios, nem mais conscientes nem mais maduros. Porque, em muitos casos, podem ser informações sem conexões, sem articulações. E aí vem o papel decisivo da escola. Quando trabalho com pessoas, estou relacionando conceitos.

Mas isso implica perceber também que há uma quebra de paradigma nessa relação entre professor e aluno. Antes, o professor ficava em um pedestal de "o detentor do saber". Hoje é outro papel. Essa mudança ainda está em processo, estamos passando por uma transição.

A propósito, em um contexto de relações humanas, sociais, políticas, precisamos ter muita clareza de que tudo é provisório. Conhecimento é provisório e está em constante transformação. Essa é uma questão-chave.

O futuro, daqui a dez anos, não tem a mesma projeção do que se projetava de futuro há dez anos. As profissões já não são as mesmas.

Eu comecei a me perguntar coisas que nunca havia me perguntado, por conta de meus alunos. Esse movimento não é unilateral, é sempre na relação. Acredito que o professor precisa ser um provocador do pensamento para buscar argumentos. Ninguém pensa criticamente se não tem realmente a reflexão e a provocação desse pensar. Esse é um papel do professor deste tempo. E convém frisar que não só o aluno deve pensar, o professor também precisa refletir sobre seu papel, o rumo de sua carreira, seu futuro.

Fazendo uma analogia, qual é o propósito de um projeto de arquitetura? Ele provoca a pensar estruturas que não estão estabelecidas, mas que serão concretizadas. Esse é nosso papel em relação à formação e à autoformação.

5

Razão e intuição

"Canta o que não silencia
É onde principia a intuição
E nasce uma canção rimada
Da voz arrancada
Ao nosso coração."

Oswaldo Montenegro

Segunda-feira de manhã, primeiro dia letivo de uma turma de terceiro ano de Pedagogia. Estava programada uma atividade com alunos de séries diferentes. Eu chego à sala, havia jovens conversando em grupos dispersos: "Bom dia, eu sou a professora Emilia!" Uma menina que estava em uma rodinha próxima olha para mim:

– Mas vai ter aula?
– Vai ter um encontro para nós nos conhecermos um pouco. Afinal, nós vamos ficar um semestre juntas. Por quê? Vocês estavam se preparando para alguma outra coisa?

As pessoas foram-se aproximando, eu propus uma roda de conversa, todo mundo foi-se ajeitando e a atividade fluiu.

Se tivesse respondido de forma impositiva: "Vai ter aula, sim!", eu teria quebrado a comunicação.

Ao final dessa mesma atividade, uma menina muito jovem me olhou e falou: "Que bom! Encontrei uma professora com quem me identifiquei". Fiquei emocionada com esse depoimento. Mas tenho de salientar que essa fala traz em si um aspecto terrível, porque revela tudo o que faltou àquela menina. Ela não havia se sentido enxergada até então. Aquilo me soou como um alerta de como andam as relações no ambiente escolar. Mais preocupante ainda é inferir que essa situação pode se repetir o tempo todo com crianças, jovens e adultos pelas escolas aonde eles chegam anônimos e vão embora anônimos.

A escola não pode ser um espaço do anonimato; precisa ser o espaço da autoria. Isso passa pela sensibilidade do professor. Para essa jovem, houve um despertar do sentimento de "eu existo".

Levanto esse aspecto porque a intuição é um atributo do professor. É um sentimento que pode contribuir na maneira como ele tece as suas relações. A própria experiência dele vai dando elementos para aguçar essa intuição.

Cabe observar que não falo de intuição de forma estereotipada, no sentido de atribuir a ela qualquer caráter místico. É necessário também tomar cuidados, pois nem sempre a leitura de um acontecimento é a mais adequada.

Afinal, os indivíduos são únicos e têm canais diversos de comunicação com o mundo. Essas características são peculiares e estão presentes em todos os contextos. Tampouco devemos usar essa leitura subjetiva para categorizar "esse presta atenção", "esse é dispersivo", e assim por diante.

Considero importante compreender que a fala do professor impacta cada indivíduo de uma maneira. Uns podem ficar mais sensibilizados pelo tom de voz, outros pela veemência, outros pela veracidade com que a mensagem é transmitida...

De modo geral, o professor precisa fazer esse exercício de observação permanentemente a fim de aprimorar sua relação com os alunos.

Quais são as questões que eu começo a olhar a partir de minha observação sobre meu aluno? Que pistas ele me dá para poder conhecer melhor seu jeito de ser, de fazer, de construir? Isso possui um caráter intuitivo, porque não há um questionário para estipular "isso aqui é assim, isso aqui, não".

Na realidade, essa dicotomia entre intuição e razão precisa ser rompida. Essa é uma falsa oposição. Assim como cabeça e corpo funcionam juntos. Emoção e razão estão o tempo todo presentes no processo. Essa visão dicotômica é equivocada. O professor fala: "Eu quero trabalhar o cognitivo", como se estivesse dissociado do afetivo. Não há cognitivo sem afetivo. Não há afetivo sem cognitivo. Pode-se dar mais ênfase a alguns aspectos em detrimento de outros, mas eles caminham juntos.

"Agora eu quero que você se concentre", como se concentração passasse apenas pela racionalidade. Não é assim que funciona. Quando está emocionalmente envolvido, o indivíduo conecta-se também. Às vezes, até mais.

Eu penso que aquilo que nos afeta às vezes passa muito mais pela emoção que pela razão, como canal inicial. Pois nasce de uma necessidade, de um desejo e é isso que procuramos identificar. Em seguida, vamos elaborar, sistematizar. Pode-se argumentar: "Ah, desse jeito o professor não está tendo o pensamento operatório". Está, mas não de forma exclusiva, pois estão acontecendo milhões de movimentos e fluxos simultaneamente.

Por que será que os grandes problemas na escola começam no Ensino Fundamental II, por volta do 6º Ano? Porque o aluno começa a ter transformações biológicas e comportamentais mais intensas, os hormônios estão explodindo. O aluno é um todo e o professor precisa entender que há uma dimensão biológica atuando naquele momento. Até a questão do sono nessa fase é diferente. Há uma conexão entre corpo e mente, mas há professores que querem que só a cabeça do aluno esteja lá, como se o corpo ficasse em outro local.

Essa conexão é inegável, por isso é relevante levar em conta a questão da intuição. Em várias ocasiões, ao olhar um aluno, eu tive pistas de que precisava mais de mim do que o outro. Isso é intuitivo. Ele não disse explicitamente: "Ei, professora! Estou precisando de você". Mas a forma como tentou se aproximar, a pergunta que me fez, o tipo de olhar que lançou, todas essas informações sutis são referências para eu tentar entendê-lo.

Precisamos considerar o ser em sua totalidade.

6

Autoavaliação e o outro

"Onde está você agora?"

Peninha

No universo da educação, há variadas formas de avaliação e todas têm sua devida importância. Elas fornecem indicadores que vão iluminar nosso fazer no dia a dia. Só que a maior avaliação que existe, em minha compreensão, é a autoavaliação. O que não quer dizer olhar apenas para mim mesma. Implica olhar também para meu grupo, no espaço que eu habito. Essa autoavaliação não é realizada com base em critérios externos, mas a partir de minha observação, que conheço a trajetória de quem estou acompanhando.

Cada vez que entro em uma sala de aula, essa é uma oportunidade de me autoavaliar. E há a questão do acolhimento, que, para mim, é muito forte. Considero que a tarefa essencial de um professor, todos os dias, é acolher. Não apenas o grupo, mas acolher-se também. Ele precisa perguntar-se: "Onde estou eu agora?"

Esse questionamento é importante para não deixar o processo automatizado. Invariavelmente, quando entro em sala de aula, eu me energizo. Já houve ocasiões em que cruzei com pessoas no corredor e notei o olhar delas como se dissessem: "Nossa, mas ela está acabada". Em alguns momentos, estava mesmo me sentindo cansada, porque o dia a dia não é fácil. Mas, ao entrar em sala, a sensação se modificava por completo. Eu me revitalizava. Isso acontece, especialmente, porque tenho uma compreensão da minha responsabilidade no exercício de interação com aquelas pessoas. O professor tem esse papel. Não dá para dizer: "Isso não depende de mim". Depende, sim. Precisa provocar essa interação. Pode ser que não atinja a todos, mas isso não é motivo para abrir mão de seu papel de provocador nessa relação. Ele precisa dar o ponto de partida, o que não significa que vá atingir o ponto de chegada.

Obviamente, o contrário também pode acontecer. O professor estar se sentindo muito bem naquele dia, energizado, mas a turma mostrar-se dispersiva, indócil, hostil até. Considero que, nessas ocasiões, cabe ao professor investigar as razões para tal comportamento. E a autoavaliação é importante também nesses momentos. Eu, particularmente, faço uma autoavaliação ao final de cada atividade. Gosto de registrar cada aula em um caderno. É um jeito de me organizar para refletir sobre o que está acontecendo. Anoto, por exemplo: "Hoje eles estavam um pouco mais dispersivos". E aí eu me pergunto: "Em que momento essa dispersão aconteceu?" E vou me perguntando: "Que causas identifiquei?" Isso me ajuda muito no retorno para a próxima aula.

Essa reflexão é relevante porque nenhuma reação dos alunos deixa de ter a ver comigo. Às vezes, é a conexão que eu fiz, às vezes, é o tema que não tem apelo suficiente para assegurar adesão. Assim como o silêncio precisa ser lido. Pode ser porque estão prestando atenção, pode ser por desinteresse. Tanto o silêncio quanto o barulho devem ser interpretados, ser percebidos para investigarmos o que está por trás daquele comportamento.

É claro que há situações que dependem menos de nós e mais dos contextos. Hoje estamos vivendo um cenário de muita intolerância. Então, os alunos estão mais intolerantes? Sim. Está faltando gentileza? Sem dúvida. Mas aí vem meu papel de estar o tempo todo retomando e reforçando esses conceitos. Não é simples. Mas preciso estar disposta a sempre fazer uma releitura, que precisa considerar também os elementos simbólicos que permeiam aquele ambiente.

Afinal, autoavaliação não é simplesmente "consegui dar conta do conteúdo tratado". É uma autoavaliação da relação do educador com aquele grupo, de como ela está se estabelecendo, quais os pontos que estão avançando, quais as dificuldades que estão impactando o trabalho, quais os aspectos que precisam ser enfatizados naquela determinada turma.

Ao longo da minha trajetória, desenvolvi uma metodologia que me ajuda a alicerçar essa relação. Eu coloco a pauta da aula em lousa. O objetivo não é engessar o pensamento, mas organizar os temas e ter aquele roteiro como uma referência. A primeira palavra que escrevo é "acolhida". Sempre trago alguma coisa que remeta a essa temática, pode ser um comentário de uma peça, uma matéria de jornal, uma poesia, um vídeo, um *podcast*. No segundo momento, entro com a parte conceitual e, no terceiro, faço sempre uma atividade interativa. Passo as referências e proponho atividades em grupo.

Esse procedimento, realizado em cada aula, replica um modelo que eu construo com os alunos a cada início de trabalho. É como se fosse uma carta de intenção, que traz algumas questões-chave: Quais são as minhas intenções com esse curso? Quais são suas intenções? E fazemos um contratinho de grupo. Eu relembro esse contrato de tempos em tempos. "A gente não combinou isso?" Assim como eles me relembram alguns combinados ao longo do curso.

No meio do processo, faço aulas de mapeamento. São cinco ou seis encontros para ver se eles estão tendo clareza do caminho que está sendo percorrido. É uma forma de perceber como está se processando a construção de conhecimento deles. Posso assegurar, com base nessa experiência, que essas práticas têm dado bons resultados. E nascem da autoavaliação. Por isso, recomendo que o profissional de educação faça um exercício permanente de autoavaliação.

7

A escola e os sentidos

"Os progressos obtidos por meio do ensino
são lentos; já os obtidos por meio de exemplos
são mais imediatos e eficazes."

Sêneca

Poucos profissionais reúnem tantas condições de fazer diferença na história de vida de um ser humano quanto um professor.

Fundamentalmente, porque se trata de uma convivência muito intensa. São duzentos dias letivos. Ainda mais se levarmos em conta que atualmente o convívio com os pais é mais reduzido por fatores como as jornadas de trabalho mais extensas: as famílias estão menores do que nas décadas anteriores, há uma incidência muito maior de filhos únicos; então, a referência do outro acontece de forma significativa na escola. É nesse espaço que o aluno aprende a olhar o outro, a observar o que o outro está fazendo.

Eu fui professora de crianças pequenas durante muito tempo e nunca amarrei um tênis delas. Eu sempre dizia: "Vocês vão ajudar quem ainda não consegue amarrar". E elas amavam, porque ensinavam para o outro. Uns demoravam mais, outros menos, mas era uma aprendizagem única. Como professora, eu nunca ficava longe, estava junto. Porque o professor não deve submeter um aluno a fazer algo se ele não estiver acompanhando, monitorando, acreditando naquilo. O aluno precisa sentir que há um apoio naquela ação.

Considero a escola um espaço, por excelência, para se trabalhar os sentidos humanos, tanto no desenvolvimento dos professores quanto dos alunos.

Visão – Há a pedagogia do olhar, que é olhar como se fosse a primeira vez. Olhar de novo e mais uma vez. O professor pode estimular o olhar dos alunos, ainda mais hoje com recursos que podem oferecer uma profusão de imagens. Mas o enxergar – que é diferente do olhar – é muito mais profundo, tem relação com o exercício de ver além do aparente.

Audição – A escuta sensível passa pela percepção de ouvir aquilo que não foi dito. E trabalhar essa escuta com os alunos é fundamental. Já para o desenvolvimento das crianças, considero a música um recurso inestimável. Primeiro, por ser uma linguagem universal. Segundo, porque a neurociência demonstra que, quando cantamos, dezessete campos do cérebro se ativam simultaneamente, estimulando as sinapses.

Tato – Como sociedade cada vez mais tecnológica, nós estamos perdendo o manuseio das coisas. Estamos usando as mãos para operar apetrechos eletrônicos. Um sintoma disso é que o artesanato está, pouco a pouco, saindo de nosso circuito. Precisamos reabilitar a capacidade de construir com as mãos, de tatear o mundo.

Olfato – A escola desenvolve pouco a capacidade olfativa. Um cheiro constitui memórias que podem perdurar pela vida toda. Quais são os aromas que nossa escola tem? Que lugares cheiram de modo diferente? Nós estamos perdendo essa capacidade. Um exemplo emblemático dessa condição são as praças de alimentação nos *shopping centers*. Não se sente mais o cheiro das comidas porque elas se misturam. É *fast-food* com mineira, italiana com japonesa. E o olfato é um sentido muito forte, que aproxima e distancia, inebria e repele.

Paladar – O sentir o sabor precisa ser estimulado nos espaços de alimentação da escola. Participei, em São Paulo, de um projeto da rede municipal chamado "Na mesma mesa", que consistia em pôr professores e alunos para fazerem juntos as refeições. Após reunião com todas as regiões, a decisão foi que o professor participaria se quisesse. Só que era para se sentar junto mesmo, não em uma mesa separada, reservada aos docentes. Houve um elevado número de adesões. Resultados: o professor melhorou significativamente a qualidade da sua alimentação, algumas crianças que, antes só comiam com colher, passaram a usar talheres e o desperdício de alimentos diminuiu 52%.

Nesse projeto, as crianças viam o que os professores punham no prato. Isso é referência. Não é referência do falar, é da atitude. Não há uma forma mais efetiva de educação do que aquela apreendida pelo exemplo.

Mudou o ambiente, mudou a relação. Em alguns locais, as crianças desenharam os jogos americanos; em outros, uma música ambiente com o volume bem baixo era colocada durante as refeições. Os efeitos extrapolaram o espaço escolar. Houve relatos de crianças que, em casa, passaram a pedir que os pais se sentassem com elas para comer.

A relação de comida, de mesa, é um dos vínculos mais fortes da história humana. E estamos deixando de celebrar esse ritual tão caro à nossa espécie.

Precisamos estimular a retomada dos sentidos, em que pese o fato de que algumas pessoas desenvolvem mais uns sentidos do que outros. Segundo a neurociência, nós temos três canais de aprendizagem: auditivo, visual e cinestésico (aquele que se comunica mais pela ação corporal).

Ao pedir uma informação sobre como chegar a um local para um auditivo, ele provavelmente vai dizer de forma objetiva: "Pegue a primeira à esquerda, depois vire na segunda à direita e você chega".

O visual diz: "Você pega a rua central, em que há uma padaria nova, aí vai em frente e vai ver uma praça a sua esquerda...".

O cinestésico diz: "Olhe, você pode pegar a direita, mas, se quiser pegar a esquerda, também dá. Se quiser ir em frente, dá também. Quer saber de uma coisa? Eu levo você lá".

O relatório de professor visual é repleto de imagens. O do auditivo é curto, sintético. O do docente cinestésico já vem amassado, de tanto que ele pôs a mão. Aí ele pergunta:

– Já é para entregar?
– Sim. Já é para entregar.
– Então, vou passar a limpo.

Esses três canais estão em todos nós. A pergunta é como eu construo um saber com essas crianças que contemple esses três tipos. Porque, para o auditivo, enquanto você não atingir a escuta, não estabelece diálogo com ele. O visual precisa da imagem e o cinestésico responde melhor quando envolve o corpo na atividade que estiver realizando.

Essas percepções podem sinalizar ações que vão tornando a experiência mais rica. A escola precisa trabalhar essas questões dos sentidos até como um antídoto, uma vez que as pessoas estão ficando mais ensimesmadas, mais fechadas, mais solitárias.

Afinal de contas, qual é sentido do nosso ofício se não for na relação com as outras pessoas? Por isso, o papel da escola é ser o lugar de afetos, de sonhos, de descobertas e de construção coletiva. Não há espaço que faça mais isso do que a escola.

8

O ensino na era digital

"[...] a escola não repara em seu ser poético, não o atende em sua capacidade de viver poeticamente o conhecimento e o mundo."

Carlos Drummond de Andrade

Muito se fala que a cultura digital está mudando as relações de ensino-aprendizagem. É inegável a crescente presença da tecnologia em nossos modos de vida no cotidiano. Mas considero salutar fazer uma distinção: informação não é conhecimento. Conhecimento forma-se quando a pessoa se apropria, internaliza aquilo que chegou como informação.

A ideia de cultura digital não se refere tão somente ao uso de artefatos e ferramentas tecnológicas. O acesso à informação é facilitado, mas uma formação consistente passa necessariamente pela capacidade de identificar quais conteúdos são, de fato, relevantes.

Certa vez, citei o sociólogo espanhol Miguel Arroyo em sala de aula e uma aluna me perguntou quem era. Como ela estava com o celular em mão, que já havia manuseado algumas vezes durante a aula, eu lhe propus que utilizasse o aparelho para sanar sua dúvida naquele momento. Ela começou a contar para o grupo o que havia encontrado. E tinha relação com o texto com o qual estávamos trabalhando. Houve um interesse de descoberta do próprio grupo. Então, esse tipo de uso é importante, porque contribui para que a aprendizagem seja mais dinâmica.

Mas há situações em que é preciso ter um cuidado adicional. Nas aulas invertidas, por exemplo, quando os alunos preparam o material para levar a uma troca de ideias em sala de aula, por vezes aparecem textos sem identificação de autor ou com autor desconhecido ou com informações superficiais. Nós, educadores, não podemos abrir mão do rigor. Tampouco devemos restringir a busca; às vezes o professor já direciona: "É esse *site*, é esse material" – porque isso desestimula o pensamento crítico durante a pesquisa.

Ocasiões como essas são providenciais para a proposição de um debate com o grupo. Uma troca sobre como identificar o que é relevante, como aferir a confiabilidade de uma informação, discutir o que é plágio, o que é repetição, o que converge e o que diverge entre aquilo que foi encontrado. A cultura digital envolve todas essas questões.

Esse exercício vai formando o pensamento crítico. A geração atual é muito desenvolta para elaborar apresentações em formatos tecnológicos. E, por vezes, durante a exposição, eu peço para pausar e questiono o que aquele *slide* tem a ver com o anterior. Com alguma frequência, a resposta é: "Ah, isso eu não sei". O aluno não estabelece a conexão entre as ideias, embora o material, do ponto de vista estético, venha muito bem embalado. As imagens, no entanto, estavam desconectadas, denotando falta de organização no pensamento. Como o encadeamento lógico apresentava lacunas, era meu papel chamar a atenção para isso. E não apontando a resposta, mas fazendo perguntas. "Isso está fazendo sentido para você?" Se ele respondesse que sim, eu perguntaria: "Que sentido você atribui a isso?" Sem essa pausa para o questionamento, aquela informação ficaria jogada e seria facilmente esquecida na sucessão de *slides*.

Hoje, há material disponível e abundante para se tratar de qualquer tema. Mas a questão é como ocorre o processo de elaboração daquele material, em termos de lógica empregada, de organização do pensamento, de seleção de fontes, de contextualização. Se a concepção não estiver clara, se os dados foram colocados simplesmente para ocupar um espaço, em vez de ampliarmos o conhecimento, apenas observaremos informações superficiais que, consequentemente, serão deletadas.

A aprendizagem significativa parte do pressuposto de que eu possuo um repertório, a partir do qual vou estabelecendo conexões, avaliando o que é relevante, a fim de elevar o meu patamar de conhecimento naquele saber.

Em relação à tecnologia, há pessoas na área de educação que são contrárias à presença de aparelhos celulares e *tablets* em sala de aula, sob o argumento de que favorecem a dispersão. De minha parte, posso garantir que jamais vou retirar o celular da mão de um aluno. Pelo simples fato de que não seria esse gesto a colocar a cabeça dele ali. Na primeira chance de sair, ele escapa, viaja para bem longe. Se o aluno não sentir que aquilo que está sendo proposto o mobiliza, sua mente voa para outro lugar.

Dispersão sempre haverá. Ninguém pode presumir que o aluno ficará ali o tempo todo concentrado durante a aula. Haverá algum momento de desconcentração. É um equívoco supor que podemos ter controle sobre a atenção alheia. A aula interativa, o trabalho coletivo, a meu ver, facilitam o engajamento, desde que os conteúdos tenham significado para eles. Esse é o ponto fundamental.

A nova geração liga-se muito mais em imagens. Então, a partir dessa observação, o professor precisa usar os recursos visuais, assim como a música, as artes, as linguagens humanas. Há uma encrenca também, porque os jovens estão mais refratários aos textos extensos do que as gerações anteriores. Por isso, sempre que possível, inicio as aulas com imagens, depois entro com texto e depois vou amarrando com o contexto.

Vale observar, no entanto, que a juventude traz a possibilidade de uma reinvenção do professor. Muitas vezes, quero dialogar com eles, e percebo que eles apresentam um repertório do mundo digital muito mais amplo que o meu. Mesmo assim, estou sempre me provocando para, cada vez mais, adentrar nesse universo.

#ficaadica

9

A pergunta como ponto de partida

"Uma parte de mim é permanente:
outra parte se sabe de repente."

Ferreira Gullar

Com o mundo em intensa transformação, em muitas circunstâncias, mais vale saber formular uma pergunta do que ter uma resposta pronta. Sem pergunta, não há desejo de aprendizagem. Antes, as fontes do saber estavam mais institucionalizadas, eram mais consensuais. Hoje, essa noção está mais difusa, com a informação surgindo de todos os lados, a todo o momento.

Por isso, nunca foi tão importante questionar. Não só no que diz respeito à veracidade da informação, mas também fazer da pergunta uma bússola para aprimorar o conhecimento.

Há algumas perguntas que eu formulo para saber e existem aqueles conhecimentos que já detenho. Nós nunca saímos da estaca zero, sempre partimos de algumas referências. Nesse caminho metodológico, o professor exerce um papel fundamental. Como investigar com mais profundidade aquilo que já se sabe? Como enveredar por caminhos nunca antes percorridos?

Para lidar com essas questões, tenho trabalhado muito com a construção de projetos. Fundamentalmente, porque o saber vai se arquitetando coletivamente.

Recentemente, em um debate com as alunas do curso de Pedagogia sobre o conceito de infância, uma delas expôs uma visão de infância feita a partir de determinada classe social. A outra considerou reducionista e contestou. Nesse momento, interferi na conversa para pontuar: "E então? Podemos ter mais de uma definição?" O professor é um problematizador, que utiliza a base teórica dele para fazer a ligação com aquilo que está sendo discutido. Nesse caso específico, com um tema tão amplo, era meu papel demonstrar que poderia haver múltiplas referências, e não uma única. O movimento em um projeto é sempre no sentido de abrir o leque, não de fechá-lo. Agora, tão importante quanto tratar o tema, era trabalhar a empatia, a escuta do outro.

O pedagogo francês Célestin Freinet preconiza que, em um projeto, há momentos em que fazemos a crítica, aqueles em que propomos algo e aqueles em que felicitamos aquilo que deu certo.

Ao término dessa atividade, nessa roda, eu perguntei:

– O que vocês criticam?

– Algumas pessoas monopolizam o debate, são sempre elas que ficam com a palavra – disse uma aluna.

E a outra emendou:

– Então eu critico a nós mesmas, que permitimos que isso acontecesse.

Continuei a mediação do debate.

– E o que vocês felicitam?

– Eu felicito nossa coragem de dizer todas essas coisas. De expor isso em um grupo que fala tanto sobre escuta e muitas vezes não demonstra ter uma escuta sensível – respondeu outra aluna.

Aprecio muito trabalhar com os quatro eixos propostos por Freinet: cooperação, comunicação, documentação e afetividade – isso nos anos 1920. Ele levava limógrafo e outros equipamentos para a sala de aula para os alunos confeccionarem jornais. Freinet vislumbrava que o aluno deveria desenvolver uma autoria nas atividades realizadas.

Um projeto, em minha opinião, não é o que surge da cabeça do professor, mas da pergunta dos alunos, das reflexões, desse contexto de interação.

Considero essa prática fundamental, sobretudo em tempos de polarização como esses que estamos vivendo. Temos observado debates em que o intuito não tem sido o aprimoramento da reflexão, mas estabelecido com o objetivo de "ganhar a discussão". A argumentação ocorre no sentido de competição, de desqualificar o pensamento do outro. Ora, em um debate, preciso pensar no argumento que o outro me traz, sem prejulgamentos. E expor o meu ponto de vista sem me julgar a dona da verdade.

Aprecio muito o poema *A verdade dividida*, de Drummond (1986), em que ele fala: "A porta da verdade estava aberta / mas só deixava passar meia pessoa de cada vez. / Assim não era possível atingir toda a verdade, / porque a meia pessoa que entrava / só conseguia o perfil de meia verdade".

Maravilhosa construção. Drummond finaliza o poema dizendo que a verdade estava dividida e que a escolha da metade mais bela da verdade se dava de acordo com a miopia de cada um.

As pessoas só veem aquilo que querem ver, com a abrangência que lhes for conveniente. Mas a mim, como educadora, cabe deixar claro que há mais de um jeito de olhar para o mundo. E que, ao observar as opções, é preciso se posicionar em relação a elas. O educador precisa mostrar que há escolhas – o que não significa direcionar escolhas – e que essas escolhas têm implicações. Então, temos de refletir sobre que implicações são essas. O que motiva alguém a adotar determinada atitude? O que está na origem daquele determinado posicionamento?

E, quando necessário, mediar conflitos. A escola tem de trabalhar mediação de conflito o tempo todo. O professor precisa encarar esse desafio, porque, em algum momento, este vai reaparecer.

O professor está constantemente envolvido com mediação de conflitos, mas ele precisa ter em mente que não é o dono de sua resolução. É o grupo que vai elaborar essa indagação, essa reconstrução, vai ajudar a pensar sobre aquilo. A função é de provocar para pensar.

Muitas vezes, no entanto, o trabalho com projeto retira o professor da zona de conforto. Porque ele propõe a investigação, há a pergunta e o aluno surge com questões que ele nem sequer havia imaginado. Nesse momento, é preciso ter humildade para aprender com o aluno também. E essa é uma oportunidade magnífica que a pedagogia por projetos possibilita.

Afinal, o que é a descoberta? É encontrar um sentido para algo. É lidar com a satisfação de dizer: "Eu entendi o que é isso". Nesse momento, constrói-se um caminho inédito. Não significa que seja algo que nunca ninguém viu, mas a revelação de uma nova possibilidade de percurso.

O maior prazer de uma descoberta é que ela instiga a fazer outra descoberta, e assim sucessivamente. Isso nos aguça a curiosidade epistêmica.

10

Educação e interação

"Desperta o que ainda não, não se pôde pensar
Do sono do eterno ao eterno devir."

Gilberto Gil

Não há construção de saberes sem interação. E esta não ocorre de forma imperativa, mas pela relação com os objetos de conhecimento. Ao mesmo tempo, essa interação precisa ter significado. Eu só posso construir um saber quando ele possui significado e sentido. Do contrário, não é saber, é somente uma informação que passa, não ecoa, não traz retorno e deixa de existir.

A neurociência preconiza que posso arquivar, evocar e expelir (nesse caso, esquecer uma informação). Hoje, arquivamos poucas informações, evocamos pouquíssimas e esquecemos a maior parte delas. Portanto, mesmo com a profusão de dados que temos hoje, nunca se falou de tantos assuntos de forma tão pouco aprofundada. Se ficarmos somente na superficialidade dos fatos, quando alguém nos perguntar: "Qual foi sua aprendizagem?", pouco teremos a responder.

Conforme mencionado, informação não é conhecimento. Vivenciei um episódio que ilustra bem essa diferença. Quando completei trinta anos de casada, fiz uma viagem para a Itália com meu marido e meus filhos. Em Roma, decidimos visitar o Coliseu. Eu já havia estado quatro vezes naquele local, mas, nessa ocasião, apareceu uma guia muito jovem, contrastando com os demais guias, bem mais maduros. Os outros tinham estandartes e ela portava um guarda-chuva. O jeito dessa jovem me chamou a atenção e fui formar o grupo dela. Não falei que já conhecia o Coliseu. Ao longo do trajeto, a moça foi demonstrando uma habilidade impressionante na interação com o grupo, um entusiasmo contagiante naquela narrativa. Em determinado momento, fechei os olhos e juro que consegui visualizar os gladiadores. Por que isso aconteceu? Porque a mensagem dela me mostrou um Coliseu que eu não conhecia. Ao término da visitação, eu me aproximei para agradecê-la.

– Olhe, eu não lhe contei, mas já estive quatro vezes aqui. Só que esta foi totalmente diferente.
– E eu preciso lhe contar um segredo, é a primeira vez que faço isso.

Essa jovem era alguém que, além do repertório, tinha um jeito especial de desenvolver aquela atividade.

Ela tinha uma preocupação para que houvesse uma materialização daquele conteúdo para as pessoas. Havia rigor em tudo o que dizia, mas não era nada mecânico. Por conta dessa conjunção de fatores, o salto da informação para o conhecimento foi dado.

Nesse caso, eu detinha a informação, mas percebi que não possuía o conhecimento. Porque me apropriei daquela experiência. É essa a capacidade que o professor precisa trazer consigo: a construção da síntese, dos conceitos e da articulação.

Isso se aplica a todas as áreas do conhecimento, que, a propósito, estão cada vez mais entrelaçadas. Hoje se fala muito em algoritmo. É matemática, mas está bastante presente nas mídias digitais.

O geógrafo Milton Santos possui um lindo conceito de território, em que trata como uma possibilidade de se chegar a uma realidade própria. Isso faz muito sentido em educação, tanto que se tem falado de forma recorrente em territórios do saber. Há vários saberes. Porém, se a Geografia não dialogar com a História, com a Língua Portuguesa, com a Matemática, com a Arte, fica difícil construir um território do saber que contenha o conhecimento múltiplo.

Por conta dessa complexidade, o professor é um artesão, pois tem que ir costurando, articulando, relembrando, retomando, ressignificando, construindo *links* entre os saberes.

Nós, educadores, precisamos persistir nessa busca de um real sentido para aquilo que fazemos. O que estou fazendo com a minha história de vida e com os meus alunos? Que saberes estou construindo com eles? Como essa geração, que não viu muitas coisas que a minha vivenciou, tem a possibilidade de conhecer a cultura presente no espaço em que está inserida? Como há a possibilidade de ler o mundo de diferentes formas?

Essa trajetória precisa se transformar, inclusive socioculturalmente, em uma obra inédita. Daí minha insistência em que cada aula é inédita. Não é inédita no sentido de que nunca foi feita, mas inédita na construção que é feita com aquele grupo.

A noção de ineditismo ocorre no sentido de que eu faço as relações, retomo e reconstruo. E, em seguida, abre-se mais espaço para construir. O inédito é uma construção permanente. O novo é o que você faz de diferente com aquilo que já sabe. Tem a ver com a forma com que você se liberta para olhar a vida com outros olhos, com o olhar de quem se responsabiliza por esse fato histórico que está sendo construído, que é a experiência acontecida em sala de aula.

Certa vez, alguém me disse: "Eu tenho vinte anos de experiência". E eu alertei: "Cuidado para não ter um ano de experiência e dezenove de repetição". Afinal, a experiência só é diferente quando é desafiadora.

11

A diversidade nossa de cada dia

"Um mais um é sempre mais que dois."

Beto Guedes

Aluno que não aprende. Aluno que não tem imaginação. Aluno que não é criativo. Particularmente, considero esses rótulos equivocados. O que existe, na minha visão, é um descompasso, pois nem sempre a lógica do aprendiz é a mesma lógica do professor. Por vezes, eu não descubro ou demoro a entender qual é a lógica daquele aluno. O desafio é fazer essa identificação. Nesse momento, entra a questão da observação, da reflexão, do registro.

O professor possui responsabilidade em ampliar o conhecimento do outro e isso se baseia, primordialmente, na postura generosa de compartilhar saberes.

É comum, em uma sala de aula, ter o aluno que se destaca, mas a turma não necessariamente o acompanha, assim como aquele que tem um tempo de aprendizado mais lento em relação aos demais.

O que fazer? No primeiro caso, o professor deve conscientizar o aluno com bom desempenho de que ele precisa também ter um compromisso de aprendizado com o seu grupo. Ele pode ensinar um colega em dificuldade. Até porque a explicação do aluno para o colega, algumas vezes, consegue ser mais eficiente do que a do professor, pois a linguagem entre eles facilita um melhor entendimento.

Do outro lado, aquele aluno que tem dificuldades pode apresentar questões que valem a pena ser endereçadas àquele que tem muitas certezas. Isso gera trocas, confirmações, questionamentos, enfim, enriquece a relação.

Daí a afirmação de que o trabalho compartilhado é fundamental.

Algumas vezes, ainda encontro com professor que diz: "O problema é que as classes são heterogêneas". Mas a vida é heterogênea. As pessoas são singulares, peculiares, têm histórias próprias. Podem ter várias proximidades, mas a leitura que cada uma faz do mundo decorre de um conjunto de fatores. Então, quanto mais heterogênea for a composição humana, mais rica será a produção. Isso vale para escola, empresa, qualquer coletividade de pessoas.

Precisamos usar essa riqueza em nosso favor, até porque ela tem reflexos na sociedade. Questão para analisarmos:

por que temos construído poucas lideranças ultimamente? Decerto, apareceram destaques em algumas áreas, mas a maioria ficou no anonimato. E por que isso acontece? Porque não houve socialização e construção coletiva de saberes. O trabalho coletivo gesta uma ideia de rede. E o processo criativo, quando feito em rede, faz emergir diferentes lideranças, que podem ser complementares entre si. Na convivência em que existe essa intenção, fica muito mais fácil descobrir as potencialidades presentes naquele espaço.

Sempre digo que o professor é um mediador da construção do conhecimento. E isso implica estar sempre revendo seus conceitos e preconceitos.

No Estado do Espírito Santo, foi realizado um teste com duas turmas. O professor de uma delas, no começo do ano, recebeu uma lista com as crianças consideradas mais fracas, só que foi dito a ele que eram as mais fortes. E, ao professor de outra turma, que as mais fortes eram as mais fracas. Passado um semestre, as "mais fortes" (que eram as mais fracas) realmente tiveram uma aprendizagem significativa. Porque, a cada dificuldade, o professor dizia-lhes: "Vocês são boas, vocês conseguem dar conta". E as mais fortes (apresentadas como mais fracas) estacionaram, porque não havia provocação para exigir mais delas. Isso é muito sério. Não se pode em um terceiro, quarto encontro classificar um aluno com a etiqueta de "esse não aprende". Onde se investiga a aprendizagem para dizer isso? Quais as situações que eu propiciei para chegar a essa conclusão?

E, ainda nessa construção, o professor deve buscar significados. Quais são os saberes que têm significados para os alunos? Quais são as perguntas que eles fazem?

Por exemplo, logo no início das aulas na universidade, perguntei a cada aluna de Pedagogia: "Qual é o seu foco neste curso?" As respostas foram as mais variadas possíveis. A saber:

- Alfabetização – disse uma.
- Eu quero trabalhar com educação integral – afirmou outra.

E as respostas foram-se seguindo:

- Trabalho em berçário.
- Pretendo trabalhar com todas as idades.
- Faço este curso porque sou de uma família de pedagogas.
- Resolvi fazer este curso a partir da minha experiência na igreja, onde eu trabalhava com crianças.

É muita diversidade em uma única sala de aula!

Fui anotando e mapeando aquele grupo, para descobrir de que maneira iria conectar experiências e olhares tão variados. Era importante perceber que aquelas pessoas vinham de contextos próprios. Não adiantaria tratar essa questão de modo teórico, as experiências por elas vividas seriam referenciais para o desenvolvimento daquele trabalho. Então, o meu papel, como professora, seria o tempo todo fazer as amarras entre essas histórias muito próprias. Mas teria de provocá-las, de modo que elas pudessem trocar mais entre elas e formarem a percepção dos universos diferentes ali presentes.

Se estou trabalhando com pessoas, tenho de fazer a escuta de quem são essas pessoas. Além de alunas daquela classe, elas têm histórias, contextos, desejos, expectativas, conflitos, contradições. E, nessa condição, eu também serei aprendiz delas. Essa é a riqueza desse ofício. Como dizia Paulo Freire: "Ninguém educa ninguém. Ninguém educa a si mesmo. Os homens se educam entre si, mediatizados pelo mundo".

12

Violência – presente!

"A educação é, também, onde decidimos se amamos nossas crianças o bastante para não expulsá-las de nosso mundo."

Hannah Arendt

Nunca se falou tanto em depressão infantil. Assim como têm sido frequentes as pesquisas demonstrando o aumento do número de professores acometidos por depressão e síndrome de *burnout*. Esse quadro provavelmente tem origens variadas, mas, de algum modo, são sintomáticos das mudanças velozes em nossa sociedade.

Certa vez, quando eu era secretária-adjunta do professor Gabriel Chalita – então secretário municipal de Educação em São Paulo –, fomos participar de um almoço em uma comunidade. Estávamos à mesa e, de repente, uma professora chegou visivelmente transtornada, mostrando marcas roxas nos braços.

– Está vendo isso aqui? É injeção que eu tomo. Eu não aguento mais a pressão que sofro. Tenho vontade de tomar é remédio para rato.

E ficou olhando para nós. De forma intuitiva, eu fui na direção dela e a abracei. Propus que fôssemos tomar uma água.

A professora foi-se acalmando, desculpou-se, disse que estava meio descompensada. Passado um tempo, ela me escreveu uma carta, com trinta folhas, contando suas insatisfações com a profissão. Em um trecho, relatava que, naquele dia do almoço, pela primeira vez, alguém havia escutado as reclamações dela.

Esse episódio sinaliza que o professor precisa ter um espaço para externar suas insatisfações, porque ele geralmente escuta muitas também e, sobretudo, pelo fato de que todos temos fragilidades. Não digo necessariamente terapia. Acho que a escola deveria contar com algum tipo de acompanhamento, que poderia ser por meio de grupos de trocas entre os pares. Se estabelecer esse diálogo com seus pares, o educador pode encontrar conexões, a experiência de um colega pode sinalizar algum caminho para lidar com as próprias fragilidades.

Muitas transformações profundas aconteceram nas últimas décadas. A relação aluno-professor mudou. Se o professor antes ficava em uma posição de autoridade inalcançável, hoje há muito mais proximidade. Isso tem um lado positivo. Mas, em algumas circunstâncias, essa aproximação rompe a fronteira do respeito.

Hoje a hierarquização na escola está fragilizada. O aluno olha para o professor de um jeito que não é mais como na época em que o professor era o aluno e olhava para o professor dele. Em alguns casos, os professores ainda exigem aquele olhar antigo.

Alguns professores ainda não entenderam como a geração atual lida com as relações de poder. Algumas vezes, vejo professor dizendo: "Mandei para a diretoria". Isso não tem mais cabimento, porque não vai resolver o conflito. É o professor que tem de lidar com o conflito. Claro que há situações que ultrapassam os limites e devem ser endereçadas a outras instâncias, mas são exceções.

Não adianta fazer sermão para essa geração. Antes se falava: "Por que você fez isso?", na tentativa de despertar a consciência. Hoje observo que esse tipo de apelo não funciona. Outros docentes vão para o embate. Soube de um caso envolvendo um professor, que dizia ter vinte anos de magistério: um adolescente chegou à porta da sala de aula querendo falar com a namorada. O professor negou. O garoto insistiu. O professor foi fechar a porta e foi agredido.

Claro que o menino foi inconveniente, mas o professor não sinalizou qualquer ação de diálogo. Isso, evidentemente, não justifica a agressão ao professor. Mas, quando um adolescente briga com a namorada, aquele é o maior problema da vida dele. Naquela circunstância, pouca coisa importa mais do que aquele rompimento. O mais razoável seria acenar com uma postura de diálogo para mediar o conflito. Afinal, se violência gera violência, gentileza gera gentileza.

Nunca fui maltratada por aluno, mas certa vez havia um grupo que tentava satirizar o que eu estava falando. E um deles adotou um tom que era um misto de deboche e de provocação: "Professora, o que você quer dizer com isso?" Eu devolvi a pergunta: "O que você entendeu que eu quis dizer?" Nesse momento, ao perguntar sobre a compreensão dele daquela fala, eu mudo a relação. Se tivesse optado pelo embate, colocaria a perspectiva de que eu era a dona das razões e ele, não. E ele tem de fazer comigo essa reelaboração. Reconheço que é difícil, porque implica o professor sair do pedestal também.

Mas não podemos perder a perspectiva de que o jovem carrega diversas insatisfações, convive com muitas incertezas. Ele quer ser igual ao outro, ter o corpo tido como padrão de beleza, possuir os bens aos quais não tem acesso, embora seja bombardeado por estímulos ininterruptos para ser um consumidor voraz. Quais são as possibilidades dadas a esse jovem? Mesmo àqueles que pertencem a uma classe social mais favorecida sofrem pressões. Começam a ser sugados por um mercado de trabalho obcecado por metas, com demandas infindáveis, competitivo ao extremo.

Esta geração, por sua vez, pouco sabe lidar com frustração. Ela não admite ser desapontada em nada. Só que as perdas são inevitáveis e fazem parte da vida. "Não fui aprovado"; "Não consegui a classificação que eu queria"; "Não comprei o carro que eu gostaria"; "Não consegui namorar a pessoa que eu queria". Frustração é algo com que o ser humano tem de aprender a conviver.

Não defendo que o professor tenha de fazer terapia com os alunos, mas ele pode levantar essa questão das frustrações em sala de aula. Não ditando regras de como lidar, mas problematizando, para que os alunos possam refletir sobre isso.

Nós precisamos estar atentos a essa condição e dispostos a uma escuta sensível.

A violência pode chegar à escola de várias maneiras.

Quando fui diretora de uma creche na periferia de São Paulo, as reuniões eram realizadas aos sábados de manhã, porque não havia outro horário disponível. Nós tínhamos um combinado de todos os profissionais participarem e não apenas aqueles que lidavam diretamente com as crianças. Porque havíamos chegado à conclusão de que era importante envolver todos os profissionais. O marido de uma funcionária, porém, não se conformava com a situação, não compreendia por que uma auxiliar de cozinha tinha de estar presente a uma reunião. De repente, ele surgiu na porta e gritou:

– Vamos embora!

E ela:

– Não vou.

Eu estava coordenando a reunião e perguntei:

– Você não quer conversar com ele?

– Não quero. Eu quero ficar aqui.

E ele insistiu, em tom ameaçador:

– Você não vai embora comigo?

Ela não respondeu. Continuamos a reunião. Em uma pausa, perguntei novamente:

– Você não acha melhor ir conversar com ele?

– Não. Eu tomei a decisão. Ele tem de saber que eu sou uma profissional.

– Mas você tem noção de que pode ter uma consequência negativa?

– Sim. Ele pode até querer me agredir. Mas aí vai ser cada um para o seu canto. Eu não vou permitir que ele faça isso comigo.

É claro que essa é uma situação complexa. E a escola precisa se conscientizar de que episódios dessa natureza podem ocorrer. Não adianta uma escola querer lidar com crianças e jovens idealizados. Há a possibilidade de casos de machismo, de homofobia e de todo tipo de preconceito eclodirem, inclusive com desdobramentos violentos.

As pessoas são concretas e estão inseridas em uma sociedade em que a violência está muito presente.

Tanto que um verbete passou a ser evocado com frequência em nosso dia a dia: *bullying*. Eu pondero que precisamos tomar certo cuidado com o *bullying*, no sentido de tudo ser classificado como tal. Às vezes, trata-se de mera brincadeira, de colocação de apelido, de um comentário para fazer um deboche. São eventos pontuais que, vez ou outra, podem passar do ponto da brincadeira e tornar-se ofensa. De todo modo, o professor precisa ter muito discernimento para identificar o que está acontecendo. Se uma queixa surgir, é preciso analisá-la cuidadosamente, com base na convivência, para tomar as devidas providências.

Se for constatado que se trata de *bullying* – envolvendo violência física ou psicológica, intencional – um caminho possível é a escola retomar a questão de trabalhar com os diferentes. Nós somos diversos, e a escola precisa ter isso como referência no seu projeto. E que, como já dito, diferença não é desigualdade. Essa distinção precisa ser feita o tempo todo. Somos diferentes e complementares. Quando se trabalha com projeto é mais fácil realçar essa condição.

No caso do surgimento de alguma manifestação de preconceito em sala de aula, o professor deve estabelecer o debate com os alunos sobre o tema. Porque a omissão, em circunstâncias assim, favorece a ocorrência de outras manifestações preconceituosas. O professor não pode virar as costas para essa questão, escorado no argumento conformista de que "a sociedade é assim". A escola é um espaço educativo, portanto, esse tema precisa ser encarado. E não por meio de lição de moral, mas, sim, refletindo com os alunos sobre o que está acontecendo. Essa é uma pauta que envolve valores de convivência, portanto, não pode ser negligenciada.

É uma questão de posicionamento. A profissão exige isso de mim. Se vejo uma injustiça e fico passiva, simplesmente assistindo à cena acontecer, estou compactuando com aquela situação. Logo, ela pode ser replicada, se alastrar e atingir outras pessoas e a mim mesma.

Via de regra, toda violência mais explícita passou anteriormente por um processo, no qual ela foi se colocando de forma gradativa. Por exemplo, quando uma pessoa agride a outra com palavras, ela inaugura um ciclo da violência. Nesse momento, já é necessário agir. Juntar o grupo e refletir sobre isso. Do contrário, a tendência é começar com uma hostilidade e culminar com uma manifestação de violência explícita.

Certas situações precisam ser estancadas logo aos primeiros sinais. Tal como aquele grupo de alunos que fica desafiando o professor, boicotando a aula, atrapalhando os outros. Eu não posso ignorar que aquela desordem está acontecendo. Porque, na sequência, vem o segundo movimento, de jogar objetos. Depois, outro mais agressivo e uma hora vai explodir em um ato que acarretará danos físicos e/ou psíquicos.

O que fazer, objetivamente? Ao identificar comportamentos potencialmente deletérios, eu costumo chamar para perto de mim. Em um primeiro momento, para uma conversa particular – como já comentado, eu jamais exponho aluno no coletivo – e delego a ele uma função. "Olhe, venha me ajudar nessa atividade"; "Vamos fazer essa ação juntos". Essa atitude até agora tem me mostrado que é a melhor maneira de trazer para junto.

Houve casos em que o aluno até topou a empreitada, mas, na prática, se mostrou pouco mobilizado. O trabalho, então, é no sentido de envolvê-lo o tempo todo. E quando ele se dá conta de que você está atento a ele, que o está convocando, que ele tem importância, a percepção passa a ser de que há ali uma relação de cuidado. Portanto, é enxergado.

Na juventude, em especial, o indivíduo quer ser olhado. Por isso, o professor não pode agir com indiferença, porque essa também é uma forma sutil de violência. A indiferença invisibiliza e gera rejeição.

Convém observar que chamar para junto não é para chamar a atenção. É para conversar: "Está havendo algum problema?" É um chamado com intenção de acolhimento. No começo, é difícil, tem resistência mesmo, mas o grande desafio é trazê-lo de volta para a convivência saudável. E não pode chamar com julgamento preconcebido, rotulando o aluno, porque esse modo não abre diálogo.

Muitas vezes, a situação em sala de aula é um desdobramento de um contexto complexo, em que as causas são profundas.

Em uma escola, havia uma menina que, sempre ao chegar, ia direto para o banheiro jogar água no corpo e entrava em sala toda molhada. Aquilo chamava a atenção dos alunos, gerava comentários e zombarias. Até que uma professora a chamou para uma conversa e perguntou o que estava acontecendo. A menina, em um primeiro momento, limitava-se a dizer que estava tudo bem. Mas as conversas seguintes levaram a uma investigação, que revelou que o padrasto assediava a menina. Ela jogava aquela água porque se sentia suja.

Nesse sentido, nunca se precisou tanto de um professor, principalmente aquele que provoca a reflexão, a interação e que tenha, acima de tudo, um compromisso de solidariedade com as pessoas.

13

Troca entre pares

"A alegria não chega apenas no encontro do achado, mas faz parte do processo da busca. E ensinar e aprender não pode dar-se fora da procura, fora da boniteza e da alegria."

Paulo Freire

Atualmente, um dos maiores desafios do professor é desenvolver a competência de saber trabalhar em equipe. Ainda há uma dificuldade de o docente perceber que, quanto mais colaborativo ele for, mais produtivo será seu trabalho.

Cada vez mais, o conhecimento é gerado em uma linha de construção coletiva.

Para isso, é preciso haver espaços de encontro para o professor trocar com seus pares. E não só os pares da série ou do ano ou do grupo. Ele precisa ter essa relação com professores de uma forma mais ampla. Eu defendo veementemente essa ideia.

O professor de Educação Infantil precisa ter contato com o professor de Ensino Médio, porque eles pressupõem como cada um trabalha nos outros segmentos, mas eles não têm, no sentido epistemológico, essa troca de conhecimentos.

Cada um traz consigo seus conhecimentos específicos e é importante que esses saberes sejam trocados, entrelaçados.

Esse encontro não se propõe a simplesmente informar, passar o planejamento, porque esse é um ato que se faz friamente. Minha sugestão é criar um espaço de diálogo em que professores debatam sobre o que estão realizando, a forma como eles encaram a produção dos alunos, os desafios que enfrentam no dia a dia, os *cases*, as práticas bem-sucedidas. Afinal, nossa profissão tem como característica dar sentido a tudo que é feito. Só se professa quando existe uma intenção. O professor tem de ter clareza em relação à intencionalidade daquilo que faz: "Por que eu estou fazendo isso?" Se a resposta não estiver clara para o professor, dificilmente vai atribuir significado a seus alunos.

Nós estamos vivendo em um cenário de muitas insatisfações e, se não nos cuidarmos, entramos em uma zona de impotência. E como posso potencializar o aluno se eu não me sinto potencializado?

Nós, que escolhemos esse ofício, precisamos cultivar a alegria do encontro, da cooperação entre as pessoas, tendo uma visão mais colaborativa de nosso fazer cotidiano.

Ao criarmos essas alianças, disso vai emergindo uma alegria que não é aparente; ela tem substância, que reside justamente no gesto do encontro.

O encontrar-se é um movimento de resistência, principalmente em um momento em que tendemos ao isolamento, muito por conta das volumosas demandas. É um movimento de superação, porque a tela que nos conecta com o mundo não nos propicia a presença humana, o olho no olho, a troca em seu sentido mais afetivo e efetivo.

Como podemos discutir inclusão, com toda a complexidade do tema, se nós mesmos não nos incluímos? O encontro tem de ser mobilizado pelo prazer das pessoas de se reunir, de ter contato com seus pares. E, nesse movimento, desfrutar a sensação de pertencimento: "Eu pertenço a uma equipe de trabalho"; "Eu pertenço a um grupo que crê ser possível transformar".

Claramente, essa é uma força intrínseca, precisa vir de cada um. Mas podemos provocar para que ela emerja em nosso parceiro de jornada. Temos um papel de mobilização também. Mesmo os mais céticos, os mais distantes, os mais resistentes, certamente têm grandes contribuições a dar. Se cada um ficar em seu canto, distanciado, acomodado, descrente, será difícil promover qualquer tipo de mudança.

Não digo que esse trabalho de convencimento seja simples. Aliás, poucas coisas o são em nosso dia a dia. Entre todos os que chamarmos, haverá aquele que nunca estará disposto, aquele que teve decepções e está desiludido, aquele que só vê dificuldades, aquele que diz estar nesse ofício há tanto tempo que não vê mais alternativas. Será muito comum encontrar gente com aquela expressão de "quanta besteira", que é uma forma de desaprovação. Assim como as expressões clássicas do pessimismo: "Ah, isso não dá certo"; "Eu já estou nessa profissão há tanto tempo"; "A intenção é boa, mas, na prática, não funciona". Para esses casos, só há um jeito: aproximar-se da pessoa e tentar convencê-la, pelo menos, a fazer uma tentativa. Porque, se ela se permitir, poderá encontrar um sentido novo. Professor é um produtor de sentido. Mas ele tem de passar por essa experiência de discussão entre seus pares. Porque isso vai criando a sensação de "eu não estou sozinho nessa jornada".

O professor deve buscar alternativas. É preciso ter resiliência, que não é discursiva, mas de enfrentamento da cotidianidade. O encontro com os pares pode nos ajudar a aprimorar essa capacidade. Quando socializo a minha experiência, abro a possibilidade de ajudar na demanda do outro. E vice-versa. A experiência do outro, no mínimo, pode me inspirar a pensar na minha demanda de um modo que, até então, eu não havia percebido. Às vezes, estou relatando uma cena vivida com aluno em sala de aula e o outro já identifica um caminho, faz conexões, porque fazemos parte de um contexto que lida o tempo todo com relações.

A resiliência é o reflexo de uma atitude. Ninguém entra em um processo dessa natureza sem estar inteiro. Eu gosto muito desse conceito de Paulo Freire sobre o que é estar inteiro: significa eu me colocar na minha inteireza no processo. E estou inteira quando, de alguma forma, me sinto representada e representando. É quando essa empatia se estabelece.

Faço essa afirmação sem receio de parecer pieguice, porque tenho convicção de que não se trata de algo abstrato, mas de concretude: é preciso ter uma agenda de encontro com os pares, momentos planejados para discussões, espaços para rodas de conversas. O intuito é criar ocasiões para a troca de experiências, de fato, e não abrir uma competição de quem tem mais experiências. Não é para levantar *ranking*, é para realmente compartilhar.

Nossa mobilização é, acima de tudo, uma batalha contra a depressão, contra o conformismo, contra a acomodação.

A união é para um se energizar com a força do outro. Porque é muito fácil o negativo ir tomando conta do ambiente. Há sempre uma parcela considerável de pessoas desestimulando, contagiando negativamente. Mais do que nunca, é preciso ter por perto quem fortaleça nossas crenças, nossas lutas, nossos valores.

14

Que tal um contrato ético?

"A educação é uma arte, cuja prática necessita ser aperfeiçoada por várias gerações."

Immanuel Kant

Hoje, nas escolas, os professores fazem o projeto político-pedagógico (PPP), a discussão sobre o currículo, sobre os conteúdos e todos esses temas são muito importantes. Mas considero que há uma série de questões anteriores: "Qual é nossa visão de trabalho na educação?"; "Qual é o projeto que essa escola realiza?"; "Como me organizo nesse território, com essas relações?"; "Como construir uma equipe que seja referência para essas crianças e esses jovens?"

Todas essas questões precisam estar alinhadas naquilo que denomino de "contrato ético". Nele constam quais são nossos combinados e que aspectos dão valor a esse projeto. É a partir desse acordo que devemos constituir a rede de conhecimento, a rede de saberes, a coerência entre discurso e prática. Esse projeto demanda uma equipe articulada, porque um professor, por mais brilhante que seja, pouco poderá fazer se estiver sozinho na empreitada.

Um exemplo: de que adianta a escola discutir sustentabilidade e ter vários objetos de plástico descartáveis em suas rotinas? Se houver uma razão para a adoção desses materiais, é preciso discutir essa contradição com os alunos. Há escolas que apregoam: "Nós nos baseamos no princípio dialógico, inspirado em Paulo Freire", mas não conversam com os alunos. Ou então, "os alunos escolhem o que querem investigar", mas, na prática, essa investigação foi uma escolha de um professor sem a escuta dos alunos.

É no contrato ético que essas questões precisam ser combinadas. Teremos momentos e espaços para escutas coletivas? Haverá ocasiões em que eles trabalharão juntos, independentemente das séries?

A própria seriação pode ser debatida nesse acordo. No que diz respeito a essa questão, considero que a seriação deveria ser extinta. Porque ela complica muito a passagem da Educação Infantil para o Ensino Fundamental. São duas lógicas totalmente diferentes: a criança sai de um mundo de fantasia, da brincadeira, do lúdico, do movimento e já vai fazer prova, com exigências do racional imediato. Essa transição poderia ser diferente, porque não podemos perder a perspectiva de que existe um desenvolvimento humano se processando ali.

A escola precisa entender que ela faz parte de uma linha longitudinal do desenvolvimento do ser humano, em que as coisas não podem ser fragmentadas desse jeito. Às vezes, as turmas de zero a três anos têm uma proposta, as de quatro a seis têm outra, de seis a nove possuem outra. Quando o aluno vai para os especialistas, é uma loucura, porque ele era tratado como um todo até o 4º Ano, mas, quando chega ao 5º, 6º Ano, fragmenta tudo. Aí o professor entra e, em 45 minutos, exige que o aluno tenha autonomia.

Há várias experiências com esse contrato ético. Em alguns locais de ensino, os professores reúnem-se, fazem assembleia, constroem o primeiro esboço a partir do olhar que eles têm. Depois, constroem os passos seguintes do contrato com seus alunos. Uma medida interessante é fazer uma ouvidoria, que é o momento em que as crianças falam sobre sentimentos em relação ao trabalho na escola.

No caso dos alunos menores, estes podem se expressar por meio de imagens, desenhos, escutas e narrativas. Eles precisam perceber que aquele espaço lhes pertence. Nós pouco trabalhamos (ou nem sequer trabalhamos) o sentimento de pertencimento deles em relação ao espaço em que estão. E isso se aplica a alunos de todas as faixas etárias. Aula boa é aquela que nos pertence. Eu não faço aula boa sozinha. A aula não é minha, é nossa. É outra compreensão de aula, uma lógica de construção coletiva. Isso tem de estar no contrato, perante o grupo de trabalho.

    Como toda proposta nova, pode ser que a formulação de um contrato ético cause estranhamento em alguns. É compreensível. Recordo que, há trinta anos, quando lecionava no curso de Ciências Sociais, eu pedia que os alunos se levantassem e fizessem uma roda. Naquela época, sentia que essa proposta gerava até certo constrangimento. Com o desenrolar do curso, no entanto, eles mesmos passaram a questionar: "Professora, nós não vamos fazer roda hoje?" Porque experimentaram e viram que agregava valor à atividade. O que é a roda? É o momento que fazemos o fechamento juntos e harmonizamos o que foi vivido.

    Em meu entendimento, a escola precisa ter rituais, porque estamos juntos, formamos uma coletividade. Nosso fazer é sempre na convivência.

15

Valorização do professor

"Ocupo muito de mim com o meu desconhecer."

Manoel de Barros

Quem transita na área de educação certamente já ouviu comparações da nossa realidade com a Finlândia, país paradigmático de educação de qualidade. Certa vez, fui com um grupo de professores conhecer o projeto deles. Na primeira entrevista com os organizadores, eles deixaram claro: "Demos um passo fundamental: investimos na formação dos professores". Claro que a estrutura existente no país tem grande contribuição no processo, mas saí de lá convicta de que não adianta contar com prédio sofisticado, com tecnologia de ponta, com farto material didático, se não houver professor que utilize esse manancial de forma consciente.

Afinal, de que adianta ter à disposição uma biblioteca lindíssima, se não houver um professor apaixonado que incentive os alunos a gostar de literatura?

Nossa realidade é repleta de contrastes e bem diferente da Finlândia, mas esse princípio vale para qualquer recorte geográfico no planeta.

As condições de estrutura são altamente relevantes, mas, na minha compreensão, a mola-mestra para alavancar a qualidade da educação de um país é o professor. Então, é fundamental se investir, de fato, na formação dos educadores. E não me refiro apenas à formação acadêmica, mas à formação continuada, aquela que vai investigando com eles os seus saberes, as suas experiências. Há exemplos de vários países que comprovam que os investimentos na carreira dos educadores trazem resultados concretos.

Como pano de fundo, temos vivido transformações profundas em nosso dia a dia na última década. Como as demais profissões, a nossa também precisava se reinventar. O que não é simples.

Essa discussão envolve uma série de questões. A começar pela formação. O fato é que nunca se investiu tanto em formação continuada no Brasil quanto nos últimos tempos. Hoje, grande parte dos projetos de formação continuada precisa da adesão do professor. Mas algo que precisa ser repensado é esse modelo feito por pacotes. Ele torna a formação engessada, com módulos, em que todos vão discutir a mesma situação. Claro que existem aspectos que podem ser unificados, com temáticas comuns. Mas, se a proposta for "agora todo mundo vai fazer uma formação em informática", pode ser que não seja o mais premente para uma parcela dos profissionais. Consequentemente, será encarado como mais uma tarefa. Daí a ser visto como um fardo, não custa muito.

Formação não é engessamento. Ela tem a ver com as formas de ação. E, para se pensar em formação, o docente precisa refletir sobre seu processo de autoformação, a partir de seu contexto de trabalho e de suas necessidades: "O que preciso para a minha formação?"

Retomando o conteúdo do capítulo anterior, essa reflexão pode ser feita com as trocas dos pares, em rodas, nas quais as pessoas façam problematizações acerca do desenvolvimento de suas carreiras. O filósofo e pedagogo norte-americano John Dewey falava em trabalho por projeto em 1933. A escola até hoje ainda não resolveu essa questão do trabalho em grupo. Um professor que tenha o trabalho coletivo como princípio vai orientar, acompanhar, reunir referências e, desse modo, dificilmente se tornará um tarefeiro. Trabalho em equipe é algo cada vez mais valorizado por todos os segmentos do mercado de trabalho e por que ainda não se tornou uma prática entre nós, profissionais da educação?

Outro aspecto fundamental é a preocupação em estar atualizado. E isso começa com a postura de estar aberto para novos conhecimentos. Qualquer contato com as formas de expressões humanas, como as artes, contribui para a ampliação do olhar. Quanto maior o repertório cultural do professor, maior o seu leque de soluções para as demandas cotidianas. Claro que existe um fator limitante, que é a dificuldade financeira para ter acesso ao teatro, ao cinema, às exposições. Mas, depende também de quanto o professor valoriza essas fontes como geradoras de conhecimento. Existem formas de cultura que são financeiramente mais acessíveis.

Certa vez, propus a uma turma de Pedagogia que fôssemos a uma exposição (gratuita) sobre o poeta mato-grossense Manoel de Barros. E uma aluna perguntou quem era esse autor, demonstrando certo desinteresse. Essa mesma aluna se mostrava bastante conhecedora de séries estrangeiras transmitidas por *streaming*. É claro que elas podem agregar valor à formação de quem as assiste. Mas chamo a atenção para não limitarmos nosso olhar. Quanto mais estivermos receptivos a novas formas de fruição, mais amplo será o nosso repertório, mais diversificado será o nosso pensamento.

Ao propor atividades fora da sala de aula, não estou falando de tarefas, mas de estimular as buscas de cada indivíduo em seu processo de autodesenvolvimento.

Obviamente, se a escola dispuser de um espaço de leitura ou de qualquer outro recurso que contribua para a atualização do professor, tanto melhor.

Não tenho dúvida de que estamos vivendo momentos difíceis em nossa profissão. A valorização profissional passa por questões do mercado também. Há aqueles que consideram o professor um abnegado, como se a profissão fosse um sacerdócio; logo, a remuneração não seria um fator tão relevante. Há aqueles que não atentam para a dimensão do ofício, consideram que o docente é um profissional que está ali para passar alguns conteúdos e pronto, logo, as condições de trabalho não importam tanto.

Talvez esses aspectos expliquem por que o nível de interesse dos jovens na carreira docente esteja tão baixo. Essa é uma questão bastante séria. Se uma sociedade não está conseguindo ter jovens que queiram abraçar essa profissão, é porque essa atividade não está sendo entendida em sua real perspectiva histórica.

Já presenciei atitudes de desvalorização da profissão até mesmo entre quem a escolheu. Já ouvi professor dizer que entrou no magistério em busca de estabilidade. E um profissional com poucos anos de carreira afirmando que almejava a aposentadoria. Ora, ter uma visão burocrática da atividade de professor é uma contradição em si. Imagine o impacto de alguém desencantado trabalhando com criança.

Quem escolhe essa profissão precisa encontrar sentido no que está fazendo, trata-se de uma atividade que precisa ser parte do projeto de vida. É essa clareza de propósito que nos faz levantar todos os dias e encarar todas as adversidades.

Para mim, é cristalino que, ao escolher trabalhar com educação, passo a exercer uma função que é estruturante da humanidade. Por quê? Porque, em minha compreensão, essa profissão possui um papel social decisivo para a construção do futuro.

Agora, essa é uma dimensão. Se eu tenho clareza desse propósito, tenho de lutar a vida inteira para melhorar a condição salarial da minha categoria. Mas eu não posso achar que a remuneração é o parâmetro do meu reconhecimento nessa função.

Penso, inclusive, que existe outro tipo de reconhecimento, que é aquele feito pela sociedade.

Nesse quesito, o Japão é uma citação recorrente. Em 1998, eu fiz uma visita ao Centro de Desenvolvimento Humano, em Kanagawa. O local dispõe de um aparato tecnológico admirável. Assim que a pessoa entra, uma foto dela surge no teto e marca aquela visita.

Enquanto eu esperava um diretor do centro, chegou uma tradutora, que, aliás, era brasileira. Como eu estava recém-chegada ao país, ela se dispôs a me explicar alguns costumes locais.

– Toda vez que chegar uma autoridade aqui, nós nos curvamos para reverenciá-la. É um hábito da nossa cultura.

Logo em seguida, o diretor entrou, apresentou-se e flexionou o tronco em minha direção. Repliquei o gesto:

– Eu sou a professora Emilia Cipriano Sanches, do Brasil – e me inclinei para ficar um pouco mais baixa que ele, que era autoridade.

Quando eu fiz isso, o diretor não teve dúvida, abaixou-se também. Pensei: "Nossa! Há alguma coisa errada".

Para não deixar dúvida, eu me abaixei mais um pouquinho e o homem abaixou-se ainda mais. Eu chamei a tradutora:

– Minha querida, me explique o que está acontecendo?

– Você não disse para ele que é professora? Para os japoneses, essa é a autoridade máxima.

Vou lutar até o último dia de minha vida para ver as gerações futuras reverenciarem um professor. Essa tem de ser uma luta coletiva, em que o professor seja respeitado por ser alguém que constrói algo inédito.

Pois se nós, educadores, não tivermos consciência da relevância da nossa atividade e não validarmos os nossos saberes, a sociedade dificilmente nos conferirá o valor que merecemos. Precisamos reiterar a nossa identidade e a nossa crença no caminho que escolhemos. Afinal de contas, por que fizemos essa escolha?

16

Nós nos eternizamos

"Viver e não ter a vergonha de ser feliz."

Gonzaguinha

Qual é a importância do professor hoje? Todo profissional que contribui de alguma forma para o desenvolvimento da sociedade teve um professor como referência na sua trajetória.

Há uma pergunta, formulada pelo escritor norte-americano Joseph Campbell, que eu adoraria que os professores fizessem a si mesmos todos os dias: "Como você gostaria de ser lembrado daqui a trinta, quarenta anos?"

Quer ser lembrado como alguém que marcou a vida? Como alguém que deixou claro qual era o seu projeto? Como alguém que humanizou suas relações? Como alguém que trabalhou com conhecimento? Ou como alguém que simplesmente trabalhou de forma burocrática e indiferente enquanto os anos se passavam?

Há um fenômeno que acompanha os professores com uma carreira mais extensa: os nossos alunos vão se transformando, inclusive fisicamente, e, passado algum tempo, nós nem sempre os reconhecemos.

Costumo contar uma história que ilustra bem isso. Quando entrei no palco para a minha primeira conferência, no auditório do Anhembi, em São Paulo, havia milhares de pessoas assistindo. Fiquei pensando: "Nossa! Que ousadia minha falar para professores". A responsabilidade era imensa, eu estava com um frio danado na barriga. Para driblar o nervosismo e a ansiedade, eu busquei naquele auditório imenso alguém para estabelecer um ponto de conexão. Era uma forma de me situar e conseguir me comunicar adequadamente. Logo notei uma moça que me olhava com olhar de encantamento. Era algo tão bonito, tão cativante, que fui me acalmando. À medida que a exposição seguia, comecei a ser visitada por uma inquietação: "Essa moça me é familiar! De onde será que a conheço?"

Ao final de minha intervenção, ela veio me dar um abraço e fez a pergunta clássica, que faz qualquer professor tremer:

– Você se lembra de mim?
– Minha querida, eu não me lembro especificamente de você, mas, pelo encanto de seus olhos no diálogo com os meus, tenho certeza de que nós temos uma história juntas.
– Você foi minha professora!

– É mesmo? Quando?

– No maternal.

Essa passagem comprova que nós nos eternizamos nas pessoas. Essa é uma constatação muito forte. E nos eternizamos de um jeito que não é no impacto imediato, mas no processo de vida. O professor é muito evocado ao longo da trajetória do aluno. Sabe o que significa ficar na história de vida de alguém para sempre?

É especialmente frequente com os primeiros mestres. Quando se pergunta a alguém sobre que professores marcaram sua vida, os de Educação Infantil e de Ensino Fundamental vêm na memória rapidamente. Por quê? Porque eles marcam presença em um período em que as pessoas estão descobrindo o mundo, dando conta de suas existências, tomando suas primeiras decisões, fazendo escolhas, observando a vida com uma curiosidade típica dessa fase.

Isso é tão impactante, que as pessoas chegam a relatar com riqueza de detalhes experiências vividas naquele tempo, mesmo que várias décadas tenham se passado. Olhe, que coisa!

Quando universitários ou profissionais são perguntados por que escolheram suas carreiras, é relativamente comum evocarem docentes que os inspiraram: "Eu tinha um professor..." Ouvi isso já de Norte a Sul do País. Isso reforça a ideia de que somos referência. Em qualquer patamar de nossa formação. No curso de Serviço Social, Luiza Erundina foi uma de minhas professoras. E posso dizer que carrego muito dela em mim. Boa parte de minha conduta na sociedade, na profissão, no meu posicionamento ideológico se deve ao convívio com ela. Porque ela me passava credibilidade – e esse é um atributo fundamental do professor – falava com tanta intensidade das coisas e a prática dela na relação com os alunos era tão coerente, que eu me apaixonei por essa área.

Cabe observar também que, em algumas circunstâncias, o professor pode ficar marcado como uma má referência. Nas situações em que ele tira a esperança do aluno de realizar alguma coisa. Quando o professor enfatiza a incapacidade ou confere algum rótulo ou estereótipo. "Você não é bom nisso!" O professor, em uma avaliação às vezes até impulsiva, emite uma opinião que causa impacto e persegue a pessoa por muito tempo. Isso é muito sério.

Na adolescência, um professor de Educação Física me disse que eu era desajeitada. Como era muito magra e não tinha o movimento do corpo muito coordenado, acreditei nessa limitação. Pela condição socioeconômica de minha família, eu não tinha outros espaços para pôr essa capacidade à prova. Eu estudava em uma escola pública e lá era o espaço para lidar com minhas habilidades e dificuldades. Então, sempre que havia alguma competição esportiva, eu tentava escapar. No máximo, ficava no banco de reservas. Como eu me destacava nas aulas de redação, de literatura, me achava potente em relação a tudo o que mexia com a imaginação. Mas o aspecto da aptidão física eu tive de trabalhar ao longo da vida. Foi tão marcante que, quando me tornei mãe, fiz questão que meus filhos fizessem atividades com o corpo desde cedo, para que não tivessem de lidar com essa crença limitante, que em mim havia sido introjetada a partir da observação de um professor. Acredito que não tenha feito isso intencionalmente. Mas faltou certo cuidado, pois ele era uma referência em sua área. Mesmo que tivesse razão, poderia ter usado outra abordagem.

O lado positivo dessa história é que me serviu de alerta. Faço um trabalho mental permanente de, em momento nenhum, retirar dos meus alunos os sonhos, as possibilidades, as intenções deles de serem uma potência. Cada indivíduo é uma potência, que precisa se desenvolver. E é nesse sentido que tenho de atuar.

Quando é fonte de inspiração, o professor contribui para o desenvolvimento das pessoas. Ele ajuda na construção de sentido naquela vida. Essa é uma descoberta magnífica. Não à toa, a gratidão é um sentimento muito presente na relação.

Apesar das agruras cotidianas e das inúmeras vicissitudes no exercício da profissão, afirmo com todas as letras que é muito bom ser professor.

Aqui vale citar Gonzaguinha, que, na canção *O que é, o que é?* (1982), entoa: "Eu fico com a pureza da resposta das crianças, é a vida, é bonita e é bonita". Isso é verdadeiro, desde que tenhamos olhos para enxergar essa beleza. Porque as evidências nos direcionam justamente para acreditarmos no contrário. Mas o professor precisa se potencializar para ter essa alegria, que não é piegas, superficial, mas genuína. E brota da consciência do papel que exerce na coletividade.

A escola, na perspectiva de equipe de trabalho, possui esse papel. Por mais que o profissional tenha competência técnica, ele precisa ter a competência estética e política. Não adianta ser um grande conhecedor de uma determinada área e não colocar essa competência a serviço do grupo, para debater, para refletir, para repensar. O professor é, sim, um formador de opinião.

Outra história para ilustrar o nosso papel. Fui chamada para ser paraninfa de uma turma de Pedagogia na Pontifícia Universidade Católica de São Paulo (PUC-SP). Ao chegar ao salão do evento, um megatelão ostentava uma fotografia minha, tirada vinte anos antes. Nela, eu aparecia em um tanque de areia. Nunca soube da existência daquela imagem. Espantada, perguntei:

– Quem trouxe essa foto?
– Fui eu – respondeu uma jovem. Eu fui sua aluna na creche e agora fui sua aluna na universidade. E escrevi um texto para você: "Do tanque de areia à universidade, a coerência de uma trajetória profissional. Quem não habitou o tanque de areia não poderia habitar qualquer outro segmento, porque não entendeu que educar pessoas não é por faixas etárias, educar pessoas é educar vidas, que não são hierarquizadas. Não existem pessoas menos ou mais importantes, todas fazem parte desse grande exercício humano de ciclo da vida. E aquele que está no *pós-doc* só será digno do seu título quando olhar para Educação Infantil com o mesmo valor que olha para sua área de conhecimento".

Portanto, ser professor é bom porque quem exerce essa profissão se renova e, se desejar, não envelhece nunca. Porque estará sempre recebendo gerações novas e, com elas, novas ideias.

É claro que a casca envelhece. Mas, internamente, o movimento continuará vigoroso, com a energia infantil, com o espírito jovem. Eu sou muito mais ágil quando estou nessa relação humana, porque estou vendo outras pessoas o tempo todo constituindo suas existências. Se você, como professor, tiver isso presente, irá se reinventar o tempo todo.

Você não envelhece mentalmente, fica atualizado, mesmo que não queira. Porque os alunos o(a) atualizam, provocam-no(a), trazem inquietudes, questionam certezas e ideias arraigadas.

Comecei a me perguntar coisas que eu nunca havia perguntado, por conta de meus alunos. Esse movimento não é unilateral, é sempre na relação.

Como você constrói essa sabedoria nesse processo? Como é que se valoriza essa experiência? Eu, trabalhando há mais de trinta anos nas relações, observo que o fato de ser professora tem me possibilitado entender melhor a minha própria existência, porque eu vejo a diversidade, identifico as necessidades que tenho e que outros têm, a partir de uma história.

Essa experiência de ressignificar os saberes e afetos pertinentes ao ser professor, para mim, é muito forte.

Sigamos em frente!

Referências

ALVES, Rubem. *Do universo à jabuticaba*. São Paulo: Planeta do Brasil, 2010. p. 245.

ANDRADE, Carlos Drummond de. A educação do ser poético. *Revista Brasileira de Estudos Pedagógicos*. Rio de Janeiro, v. 61, n. 140, p. 593-594, out. 1976.

_____. *A senha do mundo*. Rio de Janeiro: Record, 1997. 48 p. (Verso na Prosa, Prosa no Verso).

_____. A verdade dividida. In: ANDRADE, Carlos Drummond. *Contos plausíveis*: São Paulo: José Olympio, 1985.

_____. Mãos dadas. In: ANDRADE, Carlos Drummond de. *Sentimento do mundo*. São Paulo: Companhia das Letras, 2012.

ARENDT, Hannah. *A crise na educação*: entre o passado e o futuro. São Paulo: Perspectiva, 1972. p. 247. v. III e IV.

AUSUBEL, David P. *Aquisição e retenção de conhecimentos*: uma perspectiva cognitiva. Tradução de Lígia Teopisto. Lisboa: Plátano, 2003.

BARROS, Manoel de. Uma didática da invenção. In: BARROS, Manoel de. *O livro das ignorãças*. Rio de Janeiro: Civilização Brasileira, 1993.

FREIRE, Paulo. *Pedagogia da autonomia*: saberes necessários à prática educativa. São Paulo: Paz e Terra, 1996. p. 160.

_____. *Pedagogia do oprimido*. 17. ed. São Paulo: Paz e Terra, 1987.

GIL, Gilberto; ANTUNES, Arnaldo. *A ciência em si*. Rio de Janeiro: Warner Music, 1997.

GONZAGUINHA. *O que é, o que é?* Rio de Janeiro: EMI-Odeon, 1982.

GUEDES, Beto. *O sal da terra*. Rio de Janeiro: EMI-Odeon, 1981.

GULLAR, Ferreira. Traduzir-se. In: GULLAR, Ferreira. *Na vertigem do dia*. São Paulo: Companhia das Letras, 2017.

KANT, Immanuel. *Sobre a Pedagogia*. Piracicaba: Unimep, 1996.

LULU. *To sir with love*. Rio de Janeiro: Emi-Odeon Compacto Ep., 1968.

MONTENEGRO, Oswaldo. *Intuição*. Rio de Janeiro: Warner Music, 1980.

MORIN, Edgar. *Os sete saberes necessários à educação do futuro*. São Paulo: Cortez Editora, 2000.

NÓVOA, António. *Professores*: imagens do futuro presente. Lisboa: Educa, 2009.

PENINHA. *Sozinho*. São Paulo: Peermusic, 1997.

RESENDE, Otto Lara. *Bom dia para nascer*: crônicas publicadas na *Folha de S.Paulo*. São Paulo: Companhia das Letras, 2011.

SÊNECA. *Aprendendo a viver*: cartas a Lucílio. São Paulo: L&PM Pocket, 2008. v. 662.